수능 절대평가 영어1등급을 위한
핵이득 꿀갓커리 명문장 구문독해

핵심을 이해하고 고득점
핵이득 SYNTAX

YHT ™

스위스 인터라켄 여행중

1판 1쇄 / 2017년 4월 1일

펴낸이   박은정
기획편집   수능영어북스 영어팀 (YHT)
디자인   JAMES DESIGN (YHT)
편집조판   세린디자인
펴낸곳   수능영어북스.com
주소   경기도 안양시 동안구 평촌동 932-4
이메일   upoong@naver.com
출판등록   제 402-2015-000010호
공식모바일 APP

ISBN   979-11-955442-6-4

두뇌의 용량이 아니라

의지의 용량이

기억력을 좌우한다.

문장을 바라보는 당신의 시야와 마음이 중요합니다.

책을 펴내며...

이제 감(感) 독해 끝!

수험생들과 대화를 하다보면, 수능영어를 위해서 수험생들이 해야 할 것이 참 많습니다.
넘쳐나는 영단어와 숙어, 매년 나오는 EBS연계교재, 수능기출문제, 어법정리, 고난도 빈칸문제 등 어느 것 하나 딱히 "쉽다"라는 단어는 떠오르지 않습니다.

그 중에 영단어에 대한 고민을 해결하고자, 작년에는 EBS VOCA 수능기출영단어 조지기(朝知氣-아침에 알아가는 영어만점기운) 라는 단어장을 출판하였습니다. 매년 중복되는 EBS연계교재단어와 역대수능기출영단어, 필수어휘 8천개 단어와 수험생들이 계속 헷갈릴 수 있는 혼동어휘, 필수숙어, 다의어 등을 한 권에 수록하였습니다.

하지만, 단어를 많이 알아도 긴 문장을 만나면, 해석이 꼬일 수 있습니다.

학생들은 현장수업이나 인터넷강의를 들을 때는 이해를 했지만, 정작 혼자서 영어를 해석해보라고 시켜보면 해석 자체가 꼬여서 머릿속에서 정리가 안 되거나, 중복 해석이 많아 시간이 필요이상으로 많이 걸립니다. 모의고사 때는 시간에 쫓기면서 영단어에 끌려가듯이 감(感)으로 해석을 하면서, 정답률 또한 낮아집니다. 고3이 되면서, 이런 현상은 더욱 더 심해집니다. 모두 그런 것은 아니지만, 재수생들 대부분이 고1에서 고3으로 올라오면서, 영어성적이 대부분 조금씩 떨어지고, 3학년 때가 가장 공부하기가 힘들었다고 이야기 합니다.

그 이유는 무엇일까요?

고1 영어는 문장이 짧아서, 단어만 알아도 해석이 되고 정답을 찾을 가능성이 높지만, 고3 수능영어는 단어를 안다고 해도, 소재가 다양하고, 다의어가 많고, 복잡해진 수식구조로 인한 긴 문장 때문에, 느낌으로 독해하다보면, 오답과 연결됩니다. 높은 학년이 되면서 문장은 길어지는데, 해석하는 방법이 여전히 고1수준에서 정체되어 있기 때문에 고난도 문제에서 해석이 힘들어지는 것 입니다.

이 책은 그런 수험생들의 고민들을 해결할 수 있는 최적의 구문을 선별하고 또 선별해서 만들어졌습니다. 게다가 그런 명문장을 꼬이지 않고 해석할 수 있는 명확한 해석법을 제시합니다.

핵이득 신택스(SYNTAX : 구문) 는 역대 수능기출 명문장과, 그 동안 EBS 연계교재에서 등장했던 명문장들, 그리고, 최근 EBS수능연계교재에서 독해력 향상에 가장 파급효과가 높은 BEST구문을 최적의 문장 배치를 통해서, 긴 문장에 대한 정확하고 빠른 독해를 목표로 완성되었습니다.

직독직해가 필요하기는 하지만, 정답과 직결된 긴 문장을 만나면, 직독직해만으로는 문장이 막히고, 해석이 안됩니다. 흔히 말하는 약점 유형, 즉, 빈칸 3점이나 순서, 문장삽입, 어법문제의 문장들은 직독직해로 이해가 안 되는 문장이 수두룩합니다. 핵이득 신택스는 그런 감(感) 독해를 없애는 직선형해석과 입체형해석의 정확한 방향을 제시하여, 최근 수능에서의 고난도문장까지 한방에 해결합니다.

어법 따로, 구문 따로, 기출문제 따로, 게다가 EBS연계교재까지 공부를 하려면, 시간도 많이 걸리고, 매년 EBS연계교재를 펴보면, 또 다른 벽이 부딪히게 됩니다. 핵이득 신택스 한권으로 이 모든 것을 완성할 수 있습니다.

매년 강의를 하면서, 이 교재와 함께 공부하면서, 매일 질문을 하고, 문장 해석을 직접 연습했던 수많은 제자들이 고득점을 맞고, 대학에 합격했습니다.

이제 여러분이 주인공입니다.

부디 이 책을 통해서 수험생들이 공부하는데, 많은 도움이 되기를 바라고, 합격의 자리에는 항상 이 교재가 있기를 희망합니다.

저자 드림

How to Use This Book

핵이득 Syntax 교재의 특징

1. 긴 영어문장을 스스로 할 수 있는 명확한 해석법을 제시합니다.

대부분의 구문수업들은 단어를 설명하고, 문장구조를 파악하지만, 수험생 자신의 언어로 스스로 해석하는 방법에 대한 전달이 부족합니다. 그래서 수업을 들을 때는 이해가 되었지만, 입을 열어 해석을 하려고 하면 버벅되기 마련입니다. 핵이득 신택스는 명확한 한국어 해석법을 제시하여, 감으로 하는 독해를 제거합니다.

2. 구문개념을 잡고, 기본문장으로 개념을 익히고, 실전적용으로 이어집니다.

각 단원별로 개념완성이라는 코너에서, 이해하기 쉬운 구문을 통해서 개념을 완성하고, 기본 예시문장으로 개념을 적용하고, 수능기출, EBS연계교재의 실전문장에서 실전적용을 연습함으로써 수능현장에서의 실전감각을 키웁니다.

3. 최근 EBS연계교재와 수능기출명문장을 구문으로 엮은 유일한 교재입니다.

최근 EBS연계교재(수능특강, 독해연습)에서 엄선한 구문을 가지고, 어법개념과 문장구조, 독해력을 향상시킴으로, EBS연계교재를 남보다 더 빠르고 정확하게 풀 수 있고, 실제 수능에서도 많은 문장들을 볼 수 있습니다. 구문독해 따로 EBS연계교재를 따로 공부할 필요없이 핵이득 신택스 한 권으로 EBS연계교재와 수능기출문제, 어법, 어휘를 동시에 완성할 수 있습니다. 역대 수능기출문제에서 주제문장과 직결되는 중요한 문장들과, 그 동안 EBS연계교재의 주옥같은 문장들도 모두 수록하였습니다. 만약 수능기출문제를 푼다가, 해석이 안되는 문장이 있다면 이 책에 거의 모두 담겨 있고, EBS연계교재(수특, 독연)를 공부하면서, 해석이 어렵거나, 꼬이는 문장이 있다면, 거의 모두 이 교재에 있습니다.

4. 어법특강과 개념특강으로 어법까지 완성합니다.

각 단원별 구문으로 익힌 독해력을 바탕으로 어법까지 깔끔하게 이해하고 정리를 할 수 있습니다. 어법특강이라는 페이지에서 수능기출, 평가원기출 어법을 풀고 어법문제의 해법을 자세한 해설지와 함께 제시합니다.

5. EBS연계교재의 연계문항 출처번호를 적어놓았습니다.

최근 EBS연계교재의 연계문항 번호를 구문 끝에 첨삭해 놓았습니다. 구문을 공부하고, EBS연계교재문제를 풀어본다면, 더 빨리 지문을 이해할 수 있고, 내용도 더 빨리 정리가 됩니다. 아래는 출처번호에 대한 설명입니다.

수특3-6 : EBS수능특강 3강 6번 지문
수능기출 : 수능영어에 출제된 구문
평가원기출 : 6월,9월 평가원에 출제된 구문

독연11-11 : EBS독해연습 11강 11번 지문
E연계기출 : 과거 EBS교재에 출제되었던 구문
수능E연계기출 : EBS와 수능에 모두 연계 출제되었던 구문

6. 수능영어북스.com 동영상 수업

혼자 공부하기에 힘든 수험생을 위해서 수능영어북스.com 에서는 5월부터 강의동영상(일부유료)을 제공합니다. 양질의 교재와 명강의가 여러분의 실력향상에 도움이 되리라 확신합니다. 교재 표지에 있는 교재성공담후기에는 예전 함께 수업을 하고 영어에 자신감이 생기고 합격한 제자들의 손글씨 편지들을 볼 수 있습니다. 이제 여러분이 주인공입니다. 대학 합격을 진심으로 기원합니다.

Preview

EBS 명문장과
역대수능기출명문장으로
가장 짧은 시간에
독해력을 극대화시킵니다.

직독직해방식과 입체형해석의
혼합방식을 정확하게 정의하여
길고, 꼬이는 문장을 해결해
약점유형을 강하게 만듭니다.

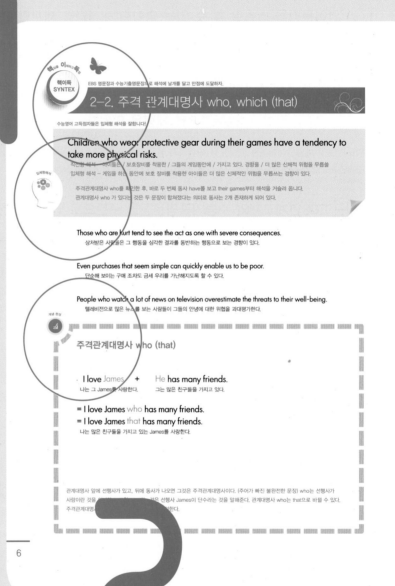

문법 개념을 복잡하지 않고
수능영어에 필요한
핵심만 딱 정리해 놓았습니다.

3

01. The anxiety that arises from the possibility of losing interferes with performance. 수특2-3

02. The child who continually interrupts adults or always has to draw attention to herself is a child who isn't thinking enough about those who are around her. 수특3-8

03. My neighbor who insists on playing heavy metal music at all hours also causes a local environmental problem. 수특21-3

04. For many endangered languages that have never been put down in writing, entire domains of knowledge are likely to be lost when the language ceases to be spoken. 독연12-4

05. Windows that had been placed to provide the ventilation were rearranged and reduced in size and large doors that had helped to cool a house were eliminated. 수능기출

06. Public and vessel safety must be addressed immediately and the necessary actions that are taken to control or manage potential safety hazards could be economically costly. 수특21-1

07. Destination choice is an important attribute that significantly differentiates between inbound and outbound tourism. 수특23-2

08. This is exemplified by toys, games, and lessons that are an end in and of themselves and require little of the individual other than to master the planned objective. 수능기출

09. After retirement, people are urged to give up their cares. It can be a dangerous trade-off. The person who stops caring for something may have taken the first steps to the hopelessness/helplessness syndrome. And those who cope best with old age are those who continue the daily acts of caring, especially the most satisfying ones — care provided to living things, such as pets and gardens. 독연13-12

효율적인 구문배치로
어렵지 않게 시작하여
고난도 문장까지
자신의 실력향상을
직접 느낄 수 있습니다.

역대수능기출영어명문장과
EBS연계교재의 명문장을
엄선하여, 수능기출과 EBS연계
두마리 토끼를 잡아드립니다.

4

수능영어 1등급! 간절히 바라고

어법 특

01. All animals h

어법 특강으로
깔끔한 어법마무리를 합니다.

CONTENTS

1-1. 타동사란 무엇일까?

수능영어 고득점자들은 입체형 해석을 잘합니다!

To Keep a pleasant studying environment, teachers cannot allow the behaviors like arriving late and forgive sleeping students.

즐거운 공부 환경을 유지하기 위해서, 선생님들은 늦게 오는 것 같은 행동을 허락할 수 없고, 잠자는 학생들을 용서할 수 없다.

타동사의 발견

keep ~을 유지하다   allow ~을 허락하다   forgive ~을 용서하다.

항상 타동사 뒤에는 목적어가 온다는 것을 명심하자.

개념 완성

타동사의 정의

① 『을, 를』을 붙여서 말이 되는 동사
   want 원하다 expect 기대하다 decide 결심하다 refuse 거절하다 promise 약속하다

② 혼자 할 수 없는 동작 – 타동사 뒤에는 전치사가 나올 수 없다.
   kiss 키스하다 hug 포옹하다 seat 앉히다 marry 결혼하다 (≠ marry with)

③ 주어와 목적어는 보통 다르다. 다만 같은 경우에는 재귀대명사가 나와야 한다.
   He likes her.   He killed himself.

목적어의 여러가지 모양

· Scientists have sent <u>people</u> into space.
   과학자들은 사람들을 우주로 보내왔다. (명사)

· The two girls wanted <u>to stop the plane</u>.
   두 소녀는 비행기를 멈추기를 원했다. (to 부정사)

· She avoided <u>answering my questions</u>.
   그녀는 나의 질문들에 대답하는 것을 피했다. (동명사)

· We recognize <u>that there is a diversity in nature</u>.
   우리는 자연에 다양성이 있다는 것을 인지하고 있다. (접속사절)

· Children should know <u>how they can use pocket money</u>.
   아이들은 그들이 용돈을 사용하는 방법을 알아야만 한다. (의문사절)

01. It is vital that all students and staff know what to do if we should face a wildfire. 수특1-1

02. After reviewing the list of your publications, however, we have decided to withhold the promotion to Associate Professor until a later date. 수특1-2

03. We try to provide banking facilities of the highest quality in order to accurately meet our customers' needs. 수특1-3

04. Since each disease has a distinctive natural course of its own, the physician must make himself so familiar with it that he can predict the sequence of events. 수특6-6

05. It is much more difficult for administrators to provide the necessary guidance and assistance to bring about needed improvement. 수특7-5

06. There are inventors who need help protecting their ideas, entrepreneurs who need help gaining capital, or composers who need help with lyrics. 수특11-2

07. Sherif concluded that when there's no objectively correct response, people are likely to doubt themselves and thus are especially likely to assume that the group must be right. 수특7-1

08. When counselor John Cooke calmly picked up and placed the piece of paper thrown by Mr. Crass on the counter, he indicated that, unlike Crass, he was going to act in a socially appropriate manner. 수특8-2

1-2. 자동사란 무엇일까?

수능영어 고득점자들은 입체형 해석을 잘합니다!

It pays to try to understand the feeling of parents.

부모의 감정을 이해하려고 노력하는 것은 이득이 된다.

입체형해석

수능에 자주 등장하는 자동사들을 숙지하세요.

vary 다양하다	differ 다양하다	matter 중요하다	count 중요하다	work 효력이 있다
last 지속되다	do 충분하다	pay 이익이 되다	sell 팔리다	

개념 완성

Be동사 친구들을 소개합니다.

- He <u>is</u> a boy.
  그는 소년이다.

- He <u>will be</u> happy.
  그는 행복할 것이다.

- Two guys <u>are</u> in the park. = <u>There are</u> two guys in the park.
  두 남자가 공원에 있다.

- I want <u>to be</u> a professor.
  나는 교수가 되기를 원한다.

모두 형용사가 이어짐	→ am, are, is He (is, looks, becomes, keeps) happy.
감정 (~처럼)	→ feel / smell / look / sound / taste
상태 (~처럼 보이다)	→ look / seem / appear
변화 (~되다)	→ become / get / grow / go come / turn / run / lie / fall
유지 (~유지되다)	→ keep / remain / stay / stand

- The children <u>feel</u> comfortable and safe.
  아이들은 편안하고 안전하게 느낀다.

- He <u>seems</u> nice at first, but it's all an act.
  그는 처음에는 좋아 보이지만, 그것은 완전히 연기이다.

- As a result, their goals <u>remain</u> focused, and therefore realized.
  결과적으로 그들의 목표는 계속 집중되고, 그러므로 실현되는 상태가 된다.

- One's memories <u>grow</u> much sharper even after a long passage of time.
  사람의 기억들은 오랜 시간의 경과 이후에 조차 훨씬 더 예리해지게 된다.

2형식은 감각, 상태, 변화, 상태유지를 나타내는 동사의 이해가 중요하다. 보어로는 <u>형용사</u>가 온다.

01. It is easy to feel impatient and frustrated with the delays. E연계기출

02. Finally, as the hour of the broadcast grew closer, Mike took his place with the other contestants and became as joyful as a child on Christmas morning at seeing how one of his favorite shows got put on the air. 수특5-3

03. A cent is difficult to gather between finger and thumb, and the reward seems hardly worth the effort. E연계기출

04. John seems to take me for my brother, because we resemble each other so much. E연계기출

05. The people whom you communicate with will feel much more relaxed around you when they feel heard and listened to. 수능기출

06. Clearly, danced rituals did not seem like a waste of energy to prehistoric peoples. 수특4-7

07. Thus anthropologist Victor Turner's attribution of danced ritual to an occasional, marginal, or liminal status seems especially unjustified in the prehistoric case — and more representative of the production-oriented mentality of our own industrial age than of prehistoric priorities. 수특4-7

1-3. 수동태 바로알기

수능영어 고득점자들은 입체형 해석을 잘합니다!

We are directed, nurtured, and sustained by others.

입체형해석

우리는 지도를 받고, 양육되고, 다른 사람에 의해 유지된다.

수동태 전환은 목적어가 뒤에 오는 타동사만 가능하다.

direct ~를 지도하다   nurture ~를 양육하다   sustain ~를 유지하다

수동태 문장의 pp는 원래 타동사였다는 것을 알고, 한번씩 능동의 뜻을 생각해 보자.

개념 완성

능동태와 수동태

- I <u>made</u> this desk.
  나는 이 책상을 만들었다.   (능동태 : 행동을 하거나 주는 입장이 주어자리에 있을 때)
- This desk <u>was made</u> by me.
  이 책상은 나에 의해 만들어졌다.   (수동태 : 당하거나 받는 입장이 주어자리에 있을 때)

동사의 4단변화

make + 목	made + 목	made (in Korea)	making + 목
만들다	만들었다	만들어진	만들고 있는
현재(동사)	과거(동사)	과거분사(형용사)	현재분사(형용사)

수동태의 여러가지 모양

- She gave her sister <u>the car</u>. (4형식)   The news make us <u>happy</u>. (5형식)
- = Her sister was given <u>the car</u>.   = We are made <u>happy</u> by the news.
  4형식 수동태는 pp뒤에 목적어가 남는다.   5형식수동태는 목적격보어가 주격보어로 바뀐다.

- The rent is supposed to be paid on March 1. to 부정사
  집세는 3월1일에 지불되기로 되어있다.

- I`m ashamed of being visited by him. 동명사
  나는 그에 의해 방문되어지는 것이 부끄럽다.

- The computer which (was / have) repaired yesterday is his. 관계사절
  어제 수리되었던 컴퓨터는 그의 것이다. (정답 : was 만약 have라면, 주어와 목적어 모두 없어서 틀림)

- The reporter who (was written/ wrote) the article would be fired. 관계사절
  기사를 썼던 기자는 해고될 것이다. (정답 : wrote 선택지 뒤에 목적어가 있기 때문에 능동의 형태가 정답)

01. Consumers are bombarded with information about products or services from all imaginable media. 수특13-3

02. American parents are taught to believe that manufactured store-bought toys are important to the development of their children. 수특4-3

03. Business executives are increasingly told that they must be creative storytellers: they have to spin compelling narratives about their products and brands that emotionally transport consumers. 수특4-6

04. The vast library of data about you is being supplemented all the time. This advance was made possible by computers that can capture and store all of this data, and especially by the sudden drop in the price of data storage capacity through the early 2000s. 수특4-2

시제에 따른 수동태의 여러가지 모양

시 제	능 동 태	수 동 태 (과거분사를 과거형으로 착각하지 말자)
현재시제	They <u>make</u> my book. 그들은 내 책을 만든다.	My book <u>is made</u> (by them). 내 책은 그들에 의해 만들어진다.
과거시제	They <u>made</u> my book. 그들은 내 책을 만들었다.	My book <u>was made</u> (by them). 내 책은 그들에 의해 만들어졌다.
현재진행형	They <u>are making</u> my book. 그들은 내 책을 만드는 중이다.	My book <u>is being made</u> (by them). 내 책은 그들에 의해 만들어지는 중이다.
과거진행형	They <u>were making</u> my book. 그들은 내 책을 만드는 중이었다.	My book <u>was being made</u> (by them). 내 책은 그들에 의해 만들어지는 중이었다.
현재완료	They <u>have made</u> my book for 2 years. 그들은 2년전부터 지금까지 내 책을 만들어 오고 있다.	My book <u>has been made</u> for 2 years (by them). 내 책은 그들에 의해 2년전부터 지금까지 만들어지고 있다.
과거완료	They <u>had made</u> my book for 2 years. 그들은 2년동안 내 책을 만들었다. (과거부터 과거까지)	My book <u>had been made</u> for 2 years (by them). 내 책은 그들에 의해 2년 동안 만들어졌다.

15

1-4. 콤마와 병렬

수능영어 고득점자들은 입체형 해석을 잘합니다!

TV programs tend to be fast-paced, free of gaps, and supply detailed pictures, sound and everything an individual needs. T1-15

텔레비전 프로그램들은 속도가 빠르며, 공백이 없는 경향이 있고 세세한 그림, 소리, 그리고 개인이 필요로 하는 모든 것을 제공한다.

콤마는 앞에 나온 단어를 더 보충설명해주는 기능이 있다. 글이 더 이해되도록 도와줄 수 있는 기능이 있으니,
무시하고 넘기지 말자.

콤마 (,)

동격의 기능

• The industrious people, the Koreans, always stick to their work hard.
근면한 국민, 즉 한국인들은, 항상 열심히 일에 매달린다.

나열의 기능 (마지막 나열에는 and가 들어간다)

• The language, tradition, <u>and</u> custom are all involved in the culture.
언어, 전통, 그리고 풍습은 모두 문화에 포함되는 부분이다.

삽입의 기능 (though 하지만, if any 어떤 것일지라도, if ever 그랬던 적이 있다하더라도, in fact 사실상)

• The problem, however, is much more complicated.
그 문제는, 그러나, 훨씬 복잡하다.

01. Many people may share the same experience, read the same book, or hear the same lecture, but thinking and learning differ from individual to individual because of what each person brings to the experience. 수특T1-7

02. Making movies is an inherently risky business because film is neither a commodity like potato chips nor a stable enterprise. 독연13-4

03. Developmental limitations in expressive and receptive language skills, limited vocabulary knowledge, and limitations in abstract thinking ability contribute to young children's difficulty in communicating effectively. 수특26-4

04. The students exercise their imagination and creativity in countless ways, from taking on the role of their assigned characters to interacting with other creatures and alien environments. 수특7-7

05. The absence of formal government on the frontier, including effective law enforcement, also undoubtedly contributed to feelings of independence and self-reliance. 수특11-4

06. Political analysts see a presidential election not only as a contest between influential politicians and their ideas but also as a competition between conflicting stories about the nation's past and future. 수특4-6

1-5. 콜론(:)과 세미콜론(;) 그리고 대시(—)

수능영어 고득점자들은 입체형 해석을 잘합니다!

These are the main exports : Iron, copper, wheat, and cotton.

이러한 것들이 주요 수출품이다. 즉, 철, 구리, 밀, 면이다.

콜론과 세미콜론 그리고 대시(줄표)는 앞의 내용에 대해서 쉽게 설명을 해준다.

콜론 (:)
"즉, 다시 말해서" 라는 의미로 앞의 내용을 쉽게 설명을 해준다.

· **She has made his decision : The President is guilty.**
그녀는 드디어 결정을 내렸다 : 즉 대통령은 유죄라고

세미콜론 (;)
콜론과 비슷하며, 때로는 So, Because, While의 의미로 해석하면 된다.

· **The shop were closed too early ; I couldn't buy anything.**
이 가게가 너무 빨리 문을 닫았어. 그래서 아무것도 못 샀어.

· **Some people say she is innocent ; Most of people don't.**
몇몇 사람들은 그가 무죄라 말한다. 그러나 대부분은 그렇지 않다.

대시 (– dash)
콜론, 세미콜론과 비슷하며, 글의 중간이나 마지막에 끼어 들어가서 의미를 보충한다.

· **The Korean history is - though not always - like roller-coaster.**
한국의 역사는 (항상 그런 것은 아니었지만) 롤러코스터 같다.

01. The influential social psychologist Daniel Kahneman prefers to describe the thinking styles of the two systems of the human mind - the automatic system and the conscious system — as intuition versus reasoning. 수특13-5

02. All known cultures give meanings to sex categories; these meanings serve to create and maintain social distinctions between women and men. 수특13-4

03. The canning process was developed in 1809 and was a product of the Napoleonic wars; the process allowed heat-sterilized food to be stored for longer periods of time without spoiling. 수특7-3

04. This self-defense mechanism — differently from the ability to understand jokes, which is very widespread — does not present itself in every human being. 수특6-2

05. The economic incentives were just too powerful to be ignored: with paper, information became far cheaper to record, to store and to transport. 수특6-3

06. Our only adaptive recourse, therefore, is to prepare pupils not to be rigidly cooperative, competitive, or individualistic, but to be adaptively flexible — to recognize a broad range of social situations and the kinds of behaviors appropriate to each. 수특25-4

1-6. 5형식 목적격보어의 여러가지 모양

수능영어 고득점자들은 입체형 해석을 잘합니다!

Our becoming better off materially has not made <u>us</u> <u>better off</u> psychologically.

우리가 물질적으로 더 좋아진 것은 우리를 심리적으로 더 좋아지게 만들지는 않는다.

5형식동사는 타동사 뒤에 목적어와 목적격 보어가 오는 문장구조이다.
실제 목적어와 목적격보어와의 관계는 주어와 술어의 관계로 봐도 무관하다. us를 we로 바라보고 목적격보어가
형용사 (형용사, 과거분사, 현재분사, 전명구) 가 올 때는 us를 we are로 바라보면, 훨씬 해석이 수월하다.

1. 목적격 보어로 명사가 쓰인 경우

- I <u>think</u> it <u>a pretty good plan</u>.
  나는 그것이 꽤 좋은 계획이라고 생각한다. (<u>It is a pretty good plan</u>)

- Many people <u>consider</u> her <u>a hero</u> for helping students.
  많은 사람들은 학생들을 도와준것에 관해서는 그녀가 영웅이라고 생각한다. (<u>she is a hero</u>)

2. 목적격 보어로 형용사가 쓰인 경우

- We come home and <u>found</u> a pet dog <u>asleep</u> on the sofa.
  우리는 집에 와서 애완견이 소파에 잠들어 있는 것을 발견했다. (<u>a pet dog is asleep</u>)

- The ship <u>left</u> about 1,500 people <u>dead</u>.
  그 배는 대략 1,500명의 사람들이 죽도록 내버려 두었다. (<u>about 1,500 people are dead</u>)

- I wish you'd stop <u>leaving</u> the door <u>open</u>.
  나는 당신이 문을 연채로 두는 것을 멈추기를 바란다. (<u>the door is open</u>)

3. 목적격 보어로 현재분사가 쓰인 경우

- Somebody has left the water <u>running</u>.
  누군가 물을 틀어 놓은 채로 두었다. (<u>the water is running</u>)

4. 목적격 보어로 과거분사가 쓰인 경우

- The difficult economic situation <u>left</u> many people financially <u>destroyed</u>.
  어려운 경제적 상황이 많은 사람들을 재정적으로 파산하도록 했다. (<u>many people are financially destroyed</u>)

01. Etiquette makes living with other people a more comfortable experience. E연계기출

02. The fact that we've heard a claim repeated over and over again doesn't make it correct. E연계기출

03. One study noted that shoppers who felt rushed for time or had some kind of limits on their time in retail pursuits did not consider their experience a leisured one. 수특23-3

04. The writers expected the people being laid off to be beaten down and discouraged. Instead they found them to be incredibly resilient. E연계기출

05. Advances in technology have made the job search an efficient yet impersonal process. Our personality is overshadowed and our life and accomplishments are reduced to our resume — a couple of sheets of paper that can be rejected with just one click. 수특5-4

06. When a man travels abroad and finds totally different habits and standards of conduct prevailing, he begins to understand the power of custom. 수능기출

07. These flies are an element of danger, for they are fond of both filth and milk, and are liable to get into the milk after having contaminated their bodies and legs in recently visited filth, thus carrying the filth to the milk. Flies also irritate cows, and by making them nervous reduce the amount of their milk. 수능기출

수능영어 고득점자들은 입체형 해석을 잘합니다!

No one has to let errors of the past destroy his present or cloud his future.

누구도 과거의 잘못으로 하여금 현재를 파괴하거나, 미래를 어둡게 할 필요는 없다.

사역동사는 타동사 뒤에 목적어와 목적격 보어가 오는 문장구조이다. 목적격보어에는 동사원형과 과거분사가 온다.실제 목적어와 목적격보어와의 관계는 주어와 술어의 관계로 봐도 무관하다. the errors of the past를 주어로 생각하고, destroy와 cloud를 동사라고 생각하고 해석을 한다.

개념 완성

Make + 목적어 + (형용사 / 명사 / V / pp)

- **This video** <u>makes</u> **you** <u>uncomfortable</u>.(형용사)
  이 비디오는 당신을 불편하게 만든다.

- **People** <u>made</u> **King sejong** <u>a truly outstanding figure</u>. (명사)
  사람들은 세종대왕을 진정한 눈에 띄는 인물로 만들었다.

- **Not talking will** <u>make</u> **him** <u>seem</u> **smarter** (사역동사)
  말하지 않는 것은 그를 더 똑똑하게 보이도록 만들것이다.

- **Heavy rain** <u>made</u> **the meeting** <u>canceled</u>. (사역동사)
  심한 비가 그 모임을 취소하도록 만들었다.

Let + 목적어 + (V / be p.p)

- **She won't** <u>let</u> **her children** <u>walk</u> **by the river.** (사역동사)
  그녀는 그녀의 아이들이 강 옆에서 걷도록 시키지 않을 것이다.

- **I will not** <u>let</u> **the paper** <u>be revised</u>. (사역동사) – let 일때는 수동일 때는 주로 be pp로 씀.
  나는 서류들이 수정되도록 내버려 두지 않을 것이다.

Have + 목적어 + (V, p.p) // get + 목적어 + (to V, p.p)

- **I`ll** <u>have</u> **David** <u>show</u> **you to your room.   I** <u>had</u> **my car** <u>stolen</u> **last night.**
  나는 David에게 너를 너의 방으로 안내하게끔 시킬 것이다.   나는 지난밤 내 차를 도둑질 당했다.

- **For a long time, Jack's parents had been trying to** <u>get</u> **him** <u>to run</u>.
  오랫동안 Jack' s 부모들은 그가 달리기를 시키려고 애써왔다. (get은 시키다의 의미지만, 사역동사는 아님)

01. He came to visit me and convinced me to let my son Danny live with him for the duration of his last year of high school. 수특T1-9

02. Depending on the situation, I may let my annoyance show but I usually keep it inside and let the person say what they have to say. 독연5-11

03. They are courageous in that they have the ability to face their fears and not let these fears stop them from taking action. E연계기출

04. The mere fact that a person looks like our uncle Harry, our old friend Mary, or the cashier at our neighborhood grocery store is enough to make him or her seem familiar and thus less threatening. 수특T1-3

05. Discourage young children from picking up kittens and cats, because they may squeeze them too hard around the belly and make them hate being carried for life. Instead, encourage the cat to climb on the child's lap and remain there to be petted. 수능기출

06. Because we do not put rejected items out of our minds, we experience the disappointment of having our satisfaction with decisions reduced by all the options we considered but did not choose. 수능기출

07. Watch a documentary film that is related to your topic. Do whatever it takes to get the reasoning portions of your mind inspired and curious. E연계기출

1-8. 5형식 지각동사와 help 동사

수능영어 고득점자들은 입체형 해석을 잘합니다!

I was delighted to see him helping me to finish my assignment.

나는 그가 내가 나의 과제를 끝내는 것을 돕는 것을 보았기 때문에 기뻤다.

지각동사는 타동사 뒤에 목적어와 목적격 보어가 오는 문장구조이다. 목적격보어에는 능동일 때는 동사원형 또는 현재분사가 오고 수동일 때는 과거분사가 온다. him helping을 he helps로 보면 된다. help동사는 목적격보어에 to finish도 되지만, 동사원형 finish도 되기 때문에 준사역동사라고 부른다.

지각동사 + 목적어 + (V, Ving / p.p)

- I saw him <u>change</u> the tires.
  나는 그가 타이어를 교환하는 것을 봤다.

- I saw him <u>changing</u> the tires.
  나는 그가 그 타이어를 교환하는 것을 봤다.

- Her parents saw her <u>awarded</u> the winner's medal.
  그녀의 부모는 그녀가 승리의 매달을 타는 것을 봤다.

- Alice noticed a gray cloud <u>expand and grow</u>.
  Alice는 회색 구름이 팽창하고 커지는 것을 봤다.

- I feel a cold northern wind <u>play</u> upon my face.
  나는 차가운 바람이 내 얼굴위에 스치는 것을 느꼈다.

Help + (목적어) + (to) 동사원형

- Can you help me <u>(to) find</u> my ring?
  당신은 내가 내 반지를 찾는 것을 도와 줄 수 있니?

- Patents are sometimes used to help inventors, owners, artists, etc.
  protect their own intellectual property.
  특허권은 때때로 발명가, 소유자, 예술가 등이 그들의 지적인 재산을 보호하는 것을 돕는데 사용되어 진다.

- cf) Would you like to help <u>(to) wash up</u>?
  씻는 것을 도와주시겠습니까?

모르는 단어는 해설과 함께 정리되어 있습니다.

01. I had watched the bases on which European freedoms had seemed to rest destroyed. E연계기출

02. If you talk with just a few people, you will get a perspective that's too narrow to help you form your own viewpoint. E연계기출

03. Not only do we "stand on the shoulders of giants" because we benefit from the work that has been done previously, but we depend on many others in the scientific community to help us improve our work and avoid mistakes. 수능기출

04. A person making only a modest income may feel jealous of a highly paid TV star or newscaster and wish to see that celebrity's income redistributed. 수능기출

05. Taking steps to keep others connected with the rational part of their brain, even in intense conflict situations, helps minimise the impact of behaviours acted out in anger. E연계기출

어법 특강

수능어법문제는 항상 EBS연계지문에서 변형됩니다.

 해설강의 보러가기

01. A cent is difficult to gather between finger and thumb, and the reward (seems / watches) hardly worth the effort.

02. John seems to have taken me for my brother, because we (resemble / resemble with) each other so much.

03. It is easy to feel (impatient / impatiently) and frustrated with the delays.

04. Science has made the world (so / such) small that there are constant contacts and conflicts between one nation and another.

05. The idea of leaving the farm and her family and changing her way of life made her (sadly / sad).

06. Sometimes social workers find a family (short / shortly) of clothing and furniture, but with an expensive TV set.

07. The hijackers set all hostages (freely / free).

08. Germs cause meat and milk (to spoil / spoil).

09. The brain is divided into two sections and the two sides of the brain are connected by a bridge of thick fiber. This bridge keeps the right side of the brain (informed / informing) about what the left side is doing.

010. By understanding computers today, We can and should make computers (doing / do) good to us, and to the future.

011. I watched a man on the Metro (try / tried) to get off the train and fail.

012. People were advised to use chopsticks instead of knives at the table because knives would remind them of (killing/ kill) animals.

013. It can be useful to get an outside consultant (analyze / to analyze) the company's performance and recommend changes to make it more (efficiently / efficient).

014. The people you communicate with will feel much more (relax / relaxed) around you when they feel (hear / heard) and listened to.

정답 및 해설

01. seems – 1센트를 엄지와 검지사이에 집는 것은 어렵다. 그리고 그 보답은 노력에 비해 가치없는 것처럼 보인다. (worth 형용사)

02. resemble – John은 나를 나의 형으로 오해 했던 것처럼 보인다. 우리가 서로 많이 닮았기 때문에 (타동사 resemble)

03. impatient – 지연됨과 함께 조바심과 좌절됨이 느껴지는 것은 쉽다. (feel 2형식 자동사 뒤에 형용사)

04. so – 과학은 세상은 작아지게 만들어서 국가와 국가사이에 지속적인 접촉과 분쟁이 있다. (make – 5형식 동사, so 형 that 원인과 결과구문)

05. sad – 농장과 그녀의 가족을 떠난다는 것과 그녀의 삶의 방식을 바꾼다는 생각은 그녀가 슬프도록 만들었다.

06. short – 때때로 사회 봉사자들은 한 가정이 옷과 가구가 부족하다는 것을 발견했다. 그러나 비싼 TV는 있었다. (find 5형식동사 a family is short of ~로 해석함, 목적격보어는 형용사가 온다.)

07. free – 비행기 납치범들은 모든 인질이 자유롭도록 했다. (set 목적어 + 목적격 보어 5형식동사)

08. to spoil – 세균들은 고기와 우유가 상하는 것을 야기시킨다. (cause는 목적어 뒤에 목적격보어로 to부정사가 오는 5형식임)

09. informed – 두뇌는 두개의 구역으로 나눠진다. 뇌의 두 부분은 두꺼운 섬유질의 다리로 연결되어져있다. 이 다리는 우뇌로 하여금 좌뇌가 하고 있는 것에 대해서 알게 되어지는 상태를 유지 한다.

010. do – 오늘날의 컴퓨터를 이해함으로써, 우리는 컴퓨터가 우리에게 또 우리의 미래에 좋은 일을 하도록 할 수 있고 해야만 한다. (사역동사)

011. try – 나는 지하철에서 한 남자가 열차에서 내리려고 시도했지만 실패한 것을 보았다. (지각동사 watch뒤에 동사원형 2개가 있다.)

012. killing – 칼이 그들에게 동물을 죽이는 것을 상기시키기 때문에 사람들은 식탁에서 칼 대신에 젓가락을 사용하는게 도움이 된다. (advise 목 to 부정사의 수동태 형태 등장, remind 3형식 동사 뒤에 특정 전치사 나오는 동사 확인)

013. to analyze, efficient – 외부 경영자문인으로 하여금 그 회사의 업적을 분석하고 업적을 더 효율적으로 만들기 위해서 변화점들을 추천하게 하는 것은 유용할 수 있다. (맨앞에 it은 가주어임, to get은 진주어이며 get은 목적어 to 부정사가 나오는 5형식 시키다의 get임, the company's performance는 받는 대명사 it, 그것이 효율적이 되는 것이니 형용사가 맞다. 중간의 to make는 ~하기 위해서의 목적임.)

014. relaxed, heard – 당신과 대화를 나누는 사람들은 그들이 (그들의 이야기가) 들려지고, 경청되어짐을 느낄 때 당신주위에서 훨씬 편안하게 됨을 느낄 것이다.(much는 비교급강조, 사람의 감정은 과거분사인 relaxed, hear뒤에 목적어가 없으니 과거분사가 와야함)

EBS 명문장과 수능기출명문장으로 해석에 날개를 달고 만점에 도달하자.

2-1. 수식을 잘 하기 위한 워밍업

수능영어 고득점자들은 입체형 해석을 잘합니다!

Daniel is used to working under deadlines and in high pressure situations.

Daniel은 마감에 임박해서, 그리고 높은 압박의 상황에서 일하는 것이 익숙하다.

영어와 한글의 대표적인 차이점은 수식을 뒤에서 받는다라는 것이다. 수능영어는 수식이 뒤에서 한번 이상 꾸미는 것들이 많고 또한 길게 나오기 때문에 앞에서 하는 직선형해석으로 구조와 단어를 파악하고, 해석은 입체형 해석으로 마무리를 했을 때 오역되는 범위가 줄며, 중복해석의 시간 낭비를 제거 할 수 있다.

 개념 완성

수식의 여러가지 모양

전치사 + 명사구

- The application <u>of</u> careful reasoning

  직선형 해석 - 적용 / 조심스런 추론의

  입체형 해석 - 조심스런 추론의 적용

- Occur <u>between</u> the atmosphere and space

  입체형 해석 - 대기와 우주사이에서 발생하다

분사구 (현재분사, 과거분사)

- The freedom <u>enabled</u> by wireless communications

  직선형 해석 - 자유 / 가능하게 된 / 무선통신에 의해

  입체형 해석 - 무선통신에 의해 가능하게 된 자유

To 부정사구

- Capacity <u>to work</u> long hours and endure thousands of frustrations

  직선형 해석 - 능력 / 오래시간 일하고 수천 개의 좌절을 참을 수 있는

  입체형 해석 - 오래시간 일하고 수천 개의 좌절을 참을 수 있는 능력

관계대명사, 관계부사절

- Any action <u>that</u> does not have harmful consequences

  직선형 해석 - 어떠한 행위 / 해로운 결과를 갖지 않는

  입체형 해석 - 해로운 결과를 갖지 않는 어떤 행위

- Fire Occurs in areas <u>where</u> the oil remains confined.

  직선형 해석 - 화재는 /발생하다 / 지역에서 / 기름이 계속 가둬지다.

  입체형 해석 - 화재는 기름이 계속 가둬진 지역에서 발생한다.

01. His job is taking care <u>of a request from his supervisor.</u> 전치사+명사수식

02. The purpose <u>of upgrading</u> your computer systems is helping us maintain a competitive edge <u>in the market.</u> 전치사+명사수식

03. It usually takes a week for Tom to produce the <u>finished</u> product. 분사수식

04. Romeo and Juliet, <u>conquered</u> by death, seem stronger than death in their love. 분사수식

05. The ability <u>to type quickly and accurately</u> is a valuable skill. To부정사수식

06. We need more effective ways <u>to make sure</u> that every citizen can fully exercise the right <u>to secure</u> private information. To부정사수식

07. There are two types of taxes <u>that</u> <u>are applied</u> to properties <u>purchased</u> <u>by an overseas investor.</u> 관계대명사, 과거분사, 전명구수식

EBS 명문장과 수능기출명문장으로 해석에 날개를 달고 만점에 도달하자.

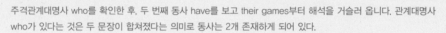

2-2. 주격 관계대명사 who, which (that)

수능영어 고득점자들은 입체형 해석을 잘합니다!

Children who wear protective gear during their games have a tendency to take more physical risks.

직선형 해석 – 아이들은 / 보호장비를 착용한 / 그들의 게임동안에 / 가지고 있다. 경향을 / 더 많은 신체적 위험을 무릅쓸
입체형 해석 – 게임을 하는 동안에 보호 장비를 착용한 아이들은 더 많은 신체적인 위험을 무릅쓰는 경향이 있다.

주격관계대명사 who를 확인한 후, 두 번째 동사 have를 보고 their games부터 해석을 거슬러 옵니다. 관계대명사 who가 있다는 것은 두 문장이 합쳐졌다는 의미로 동사는 2개 존재하게 되어 있다.

Those who are hurt tend to see the act as one with severe consequences.
상처받은 사람들은 그 행동을 심각한 결과를 동반하는 행동으로 보는 경향이 있다.

Even purchases that seem simple can quickly enable us to be poor.
단순해 보이는 구매 조차도 금세 우리를 가난해지도록 할 수 있다.

People who watch a lot of news on television overestimate the threats to their well-being.
텔레비전으로 많은 뉴스를 보는 사람들이 그들의 안녕에 대한 위협을 과대평가한다.

주격관계대명사 who (that)

• I love James.   +   He has many friends.
나는 그 James를 사랑한다.   그는 많은 친구들을 가지고 있다.

= I love James who has many friends.
= I love James that has many friends.
나는 많은 친구들을 가지고 있는 James를 사랑한다.

관계대명사 앞에 선행사가 있고, 뒤에 동사가 나오면 그것은 주격관계대명사이다. (주어가 빠진 불완전한 문장)
who는 선행사가 사람이란 것을 의미하고, 또한 has라는 것은 선행사 James이 단수라는 것을 말해준다.
관계대명사 who는 that으로 바뀔 수 있다. 주격관계대명사 해석은 [동사하는 명사]라고 해석한다.

01. The anxiety that arises from the possibility of losing interferes with performance. 수특2-3

02. The child who continually interrupts adults or always has to draw attention to herself is a child who isn't thinking enough about those who are around her. 수특3-8

03. My neighbor who insists on playing heavy metal music at all hours also causes a local environmental problem. 수특21-3

04. For many endangered languages that have never been put down in writing, entire domains of knowledge are likely to be lost when the language ceases to be spoken. 독연12-4

05. Windows that had been placed to provide the ventilation were rearranged and large doors that had helped to cool a house were eliminated. 수능기출

06. Public and vessel safety must be addressed immediately and the necessary actions that are taken to control or manage potential safety hazards could be economically costly. 수특21-1

07. Destination choice is an important attribute that significantly differentiates between inbound and outbound tourism. 수특23-2

08. This is exemplified by toys, games, and lessons that are an end in and of themselves and require little of the individual other than to master the planned objective. 수능기출

09. After retirement, people are urged to give up their cares. It can be a dangerous trade-off. The person who stops caring for something may have taken the first steps to the hopelessness/helplessness syndrome. And those who cope best with old age are those who continue the daily acts of caring, especially the most satisfying ones — care provided to living things, such as pets and gardens. 독연13-12

2-3. 주격 관계대명사 해석법2

수능영어 고득점자들은 입체형 해석을 잘합니다!

The combustion of oxygen that keeps us alive and active sends out by-products called CO_2.

직선형 해석 – 산소의 연소는 / 그 연소는 우리가 살아있고, 활동적으로 유지하는데 / 그 연소는 보낸다 / 부산물을 /산소라불리우는
입체형 해석 – 우리가 살아있게 하고 활동적으로 유지시키는 산소의 연소가 이산화탄소라고 불리는 부산물을 내보낸다.

keeps를 보고 주격관계대명사 that을 확인한 후 이 문장에는 적어도 동사가 2개가 나오는 구조를 알고 접근한다.
keeps가 5형식동사이므로 목적어(us), 목적격보어(alive and active)를 확인한 후 목적어(A)와 목적격보어 (B)
순서로 해석을 들어간다. "우리가 살고, 활동적이도록 유지하는 산소의 연소는 ~라고 하면 된다.

Modern medical technology that allows us to keep alive is of use.
우리가 계속 살아있도록 해준 현대의학기술은 유용하다.

His voice which reminds me of my father has a strong impact.
나에게 나의 아버지를 상기시키는 그의 목소리는 강한 영향력을 가지고 있다.

The watch which helps us get up early can give us more information.
우리가 일찍 일어나도록 도와주는 시계는 우리에게 더 많은 정보를 줄 수 있다.

개념 완성

주격관계대명사 which (that)

• The watch can give us more information. + The watch helps us get up early.
　그 시계는 우리에게 더 많은 정보를 줄 수 있다.　　　　그 시계는 우리가 일찍일어나도록 도와준다.

= The watch <u>which</u> helps us get up early can give us more information.
= The watch <u>that</u> helps <u>us</u> get up early can give us more information.

우리가 일찍 일어나게 도와주는 그 시계는 우리에게 더 많은 정보를 줄 수 있다.

주격관계대명사 뒤에 동사 helps는 5형식 동사이다. 그러므로 us 먼저 해석이 들어간다. "우리가 일찍 일어나는
것을 도와주는 시계"라고 해석한다. 5형식 동사의 종류를 숙지하면 더 해석이 잘된다. 주격은 크게 2-2의 방법과
2-3 의 방법, 이렇게 2가지 있다.

01. Fortunately, there are strong copyright laws that enable writers to prevent others from wrongfully stealing their work. E연계기출

02. If they could discover behaviors that enabled even the most materially deprived parents to raise healthy children, the implications would be tremendous. 수특16–4

03. Can we find some way of keeping both ideas — morality as impartiality and special parental obligations? Can we understand them in a way that makes them compatible with one another? As it turns out, this is not difficult. 수특11–9

04. In order to receive feedback that can truly help him or her improve performance, it must be provided on a regular and more frequent basis. 수능기출

05. We must either learn how to change the climate in our favor or develop technologies that will enable us to survive in different environments. 수특3–6

06. Outside of major planetary occurrences such as earthquakes and volcanoes, there are very few events on earth that are not involved with microorganisms or bacteria. 수능기출

07. Great engineers have a respect for breaking things that sometimes surprises non-engineers, just as scientists have a patience with failures that often puzzles outsiders. 수특7–6

2-4. 주격 관계대명사의 생략의 발견

수능영어 고득점자들은 입체형 해석을 잘합니다!

Children wearing protective gear during their games have a tendency to take more physical risks.

직선형 해석 – 아이들은 / 게임을 하는 동안에 보호 장비를 착용한 / 경향이 있다 / 더 많은 신체적인 위험을 무릅쓰는.

입체형 해석 – 게임을 하는 동안에 보호 장비를 착용한 아이들은 더 많은 신체적인 위험을 무릅쓰는 경향이 있다.

분사 wearing을 확인한 후 바로 두 번째 동사 have를 보고 their games부터 해석을 거슬러 옵니다. 또한 주격관계대명사 + be 동사가 생략된 경우에는 전치사구나 형용사(분사)가 남게 되니, 이 부분이 어딘지를 찾아봅니다. wearing은 who wear 이 wearing으로 바뀐 것을 생각해보자.

The girl (who is) smiling is my daughter.
웃고 있는 소녀는 내 딸이다.

The view (which is) from the top of Namsan Tower is great, especially at night.
남산타워로부터의 전망은 특히 밤에 훌륭하다.

BioGinkgo, (which is) derived from the leaves of the ginkgo tree, increases the blood flow of the brain.
은행나무 잎에서 나온 BioGinkgo는 뇌의 혈류량을 증가시킨다.

주격관계대명사의 생략

- This is the special book (which was) written by James.
- = This is the special book written by James.
  이것은 James에 의해 쓰여진 특별한 책이다.

- There are many women (who want) men to wash the dishes.
- = There are many women wanting men to wash the dishes.
  남자들이 설겆이를 하기를 원하는 많은 여성들이 있다.

주격관계대명사는 혼자 생략될 수는 없고, 뒤에 be동사와 함께 생략되든지, 아니면, 동사가 ing로 바뀌면서, 생략될 수 있다. 귀찮지만, 당분간은 괄호안에 생략된 which was와 who want를 스스로 찾는 연습을 해보자. 특히 주격관계대명사와 be동사가 없어지고 나서, p.p가 남았을때 과거형 동사로 해석하지 말자. book written이라고 남았을 때는 자연스럽게 뒤에서 "쓰여진 책" 이라고 해석하면 된다.

01. Advertisers seek to reach a target audience consisting of those consumers most likely to be influenced favorably by their messages. 수특2–8

02. In other words, an odor that is thought to be good disappears from consciousness fast, while an odor thought to be harmful keeps our attention and remains strong. 독연13–23

03. Bike riding is the sensible choice to improve health for those not normally accustomed to training. 수능기출

04. Think, for example, of the time and effort expended by the people performing the inspections and the number of inspection reports that they generate. 수특14–4

05. The flower called the rose regulates its temperature in order to benefit pollinators that it needs to reproduce. 수능기출

06. The replacement theory holds that new information entering the memory replaces old information already stored. Studies that support this theory show that misleading information replaces the original memories of people. 수특15–7

07. A meteorologist wanting to understand the essential nature of a hurricane cannot do that in the laboratory, but must measure the wind and rain as the storm tears through the countryside. 수특11–12

08. When the hypothesis being tested fails to hold up to a later challenge, consumers feel betrayed by what is simply the normal course of science at work. 수특11–1

2-5. 목적격 관계대명사 해석법

수능영어 고득점자들은 입체형 해석을 잘합니다!

Things which Tom had remembered in my book did not strike me.

입체형해석

직선형 해석 – 것들은 / Tom이 내 책에서 기억했던 / 나에게 떠오르지 않았다.
입체형 해석 – Tom이 내 책에서 기억했던 것들은 나에게 떠오르지 않았다.

주어 뒤에 which 바로 뒤에 Tom이 온 것을 보고 목적격관계대명사를 확인한 후, Tom부터 해석한다. Tom을 읽고
바로 In my book에서 거슬러 올라온 후 things를 수식한다. remember뒤에 목적어가 없음을 동시에 확인한다.
목적어의 자리는 타동사와 전치사 뒷부분이다.

The city that I want to visit someday is Paris.
　　　　내가 언젠가 방문하기를 원하는 도시는 파리이다. (타동사 visit)

The flower which we call rose has many of spines.
　　　　우리가 장미라고 부르는 꽃은 많은 가시를 가지고 있다. (타동사 call)

The book which Tom was interested in in 1999 is Harry Potter.
　　　　내가 1년 동안 관심을 가졌던 책은 해리포터이다. (전치사의 목적격)

개념 완성

타동사의 목적격 관계대명사

- I love James.　　+　　My friend likes him.
  나는 James를 사랑한다.　　　내 친구는 그를 좋아한다.

= I love James whom (that) my friend likes.
  나는 내 친구가 좋아하는 James를 사랑한다.

전치사의 목적격 관계대명사

- I like the picture　　+　　James is interested in the picture.
  나는 그 그림을 좋아한다.　　　James는 그 그림에 흥미가 있다.

= I like the picture which (that) James is interested in.
  나는 James가 흥미가 있는 그 그림이 좋다. (전치사 in은 해석이 안된다.)

목적격관계대명사는 관계대명사 뒤에 바로 주어(명사)가 나오고 타동사(likes)나 전치사(in) 뒤에 목적어가
빠져있다. 해석은 「내 친구가 좋아하는 James」, 「James가 관심이 있는 그림」처럼 「주어가 동사한 선행사」
라고 하면 된다. 목적어는 타동사뒤에도 오지만, 전치사 뒤에도 오기 때문에 이렇게 2가지 경우가 나오는 것이다.

---

01. The scientific discoveries which we make add richness and depth to our lives. 수능기출

02. Also, unlike family relations, which one cannot pick and choose, peer relationships can be relatively easily established and just as easily destroyed. 수특2-1

03. Of all the television programs that primary school children view every day, the program that they enjoy most is "PokeMon". E연계기출

04. In fact, venture capitalists say that the most important quality that they look for in businesses isn't the ideas but the teams. 수특11-2

05. The brain may be reluctant to study properly when studying is all that it is supposed to do. 수능기출

06. A brand's "position" is the complex set of perceptions, impressions and feelings that the consumer associates with the brand compared with competing brands. 수특13-3

07. Self-disclosure is revealing personal information about oneself that others are unlikely to discover on their own. 수능기출

08. When you accept the lessons that life brings you, you take the crucial step toward finding your true self and your end. E연계기출

09. She further points out that the nickname is the first sign of individuality when one encounters another participant. It serves as a first impression and shows the aspect of 'face' that the participant wants to present on-line. 수능기출

10. Over a period of time the buildings which housed social, legal, religious, and other rituals evolved into forms that we subsequently have come to recognize and associate with those buildings' function. 수능기출

11. Our world is changing at a rapid rate, and as concerned educators, we no longer can predict with confidence the kind of social ecology that our students will encounter as mature individuals. 수특25-4

12. Laurence Thomas has suggested that the utility of "negative sentiments"(emotions like grief, guilt, resentment, and anger, which there is seemingly a reason to believe we might be better off without) lies in their providing a kind of guarantee of authenticity for such dispositional sentiments as love and respect. 수능기출

13. Perhaps the most influential in determining authenticity of souvenirs is the meanings that the tourists themselves assign to their merchandise through a process of attribution of meaning. 수특12-3

14. Do you know people who have plenty of ideas but don't follow through? These people need collaborators to help them implement. What about artists who paint masterpieces nobody sees? They need a collaborator to help them promote themselves. 수특11-2

15. The feather in his headband was old and weather-beaten, which was very much like the one he had given Jim-Bob a long time ago, which was the same blue feather Jim-Bob was wearing in his own hat that day. 수특8-3

16. On top of all that, we face increasing pressure to pursue a career which we're passionate about but receive no advice on how to get there. We are left searching for Utopia, feeling empty and unfulfilled by what we have. 수특5-4

17. Such media are useful vehicles for advertisers selling products such as soap, clothes, foodstuffs, or retail services that nearly every household might use. 수특2-8

18. The positive effect that your good behavior has on you lasts long after it is forgotten by the recipient. 수능기출

19. To confine whales in aquatic parks and to make them perform tricks that people find amusing is to try to remake them into our own creations. 독연13-19

20. Most people realize only a small part of their potential. They do not make the progress which they would like to make and are fully capable of making. 수능기출

2-6. 목적격 관계대명사의 생략의 발견

수능영어 고득점자들은 입체형 해석을 잘합니다!

Things Tom had remembered in my book did not strike me.

직선형 해석 – 것들은 / Tom이 내 책에서 기억했던 / 나에게 떠오르지 않았다.
입체형 해석 – Tom이 내 책에서 기억했던 것들은 나에게 떠오르지 않았다.

주어 Things 명사 뒤에 명사 Tom이 온 것(명사 + 명사 + 동사)를 보고 목적격관계대명사 생략을 캐치해야 한다.
어디에 목적격 관계대명사가 생략이 되었고, 어디에 목적어가 없는지 생각해보자.

The city I want to visit someday is Paris.
내가 언젠가 방문하기를 원하는 도시는 파리이다.

The flower we call rose has many of spines.
우리가 장미라고 부르는 꽃은 많은 가시를 가지고 있다.

The book Tom was interested in in 1999 is Harry Potter.
Tom이 1999년에 관심을 가졌던 책은 해리포터이다.

목적격 관계대명사의 생략

- I love James whom my friend likes.
= I love James my friend likes.
  나는 내 친구가 좋아하는 James를 사랑한다.

- I like the picture which James is interested in.
= I like the picture James is interested in.
  나는 James가 흥미가 있는 그 그림이 좋다.

목적격관계대명사가 생략된 문장을 잘 살펴보면, 1번 예문에서 James라는 명사뒤에 주어 + 동사가 이어져 있는 것을 볼 수 있고, 2번 예문에서 picture라는 명사뒤에 주어+동사가 이어져 있는 것을 볼 수 있다.
하지만, 두 문장은 모두, 타동사 likes뒤에 혹은 전치사 in 뒤에 목적어가 없는 불완전한 문장이 이어져 있다. 해석은 목적격관계대명사와 똑같이 하면 된다.

명사 뒤에 불완전한 주어 + 동사의 문장이 있으면, 앞에 있는 선행사(명사)를 꾸며줘야 한다. 문장 중간에 목적어가 없는 문장이 오면, 앞에 선행사를 수식해야 한다. 직독직해를 주로 하던 학생들이 제일 힘들어 할 수 있는 파트인 만큼 열심히 연습합니다.

01. Those plants we refer to as weeds are often beneficial. E연계기출

02. No one can deny the role a music plays in our lives. E연계기출

03. If you speak an unwritten language, one that your children or grandchildren have abandoned in favor of another tongue, you may indeed take your genius with you to the grave. 독연12-4

04. A conscience does not develop by itself, so the job of building one is ours. It's a process parents need to work on day after day, and year after year. 수능기출

05. People capable of dealing with the future and the changes it holds are those who do not fear change and who practice flexibility. E연계기출

06. This kind of connection to other people can, over time, provide the kind of deep experience in a territory people inside an organization need to identify new opportunities. 독연1-3

07. The energy exchanges that continually occur between the atmosphere and space produce the effects we call weather. 수능기출

08. Thus, the strategies that children use to resolve their differences vary depending on the extent to which they like their opponent. E연계기출

09. On the stage of real life, every physical action you make subconsciously tells everyone the story of your life. People make and notice actions that are beneath human consciousness but have tremendous power to attract or offend. 수능기출

10. Like all phenomena we are extremely familiar with, we take habits for granted, as a fish takes the water in which it lives. 수능기출

2-7. 전치사 + 관계대명사의 해석법

수능영어 고득점자들은 입체형 해석을 잘합니다!

The way in which we write a language is different from the way in which we speak it.

직선형 해석 – 방식은 / 우리가 언어를 쓰는 / 방식과 다르다 / 우리가 그것[언어]를 말하는 방식과 다르다.

입체형 해석 – 우리가 언어를 쓰는 방식은 우리가 언어를 말하는 방식과 다르다.

전치사 + 관계대명사는 뒤에 무조건 완전한 문장이 이어지기 때문에 목적격 관계대명사처럼 주어(we)를 읽고 끝(a language)으로 가서 거슬러 올라온 후 나머지를 해석한다.

Create an environment in which your children know your efforts.

당신의 자녀들이 당신의 노력을 아는 환경을 만들어라.

Actions through which we express our feelings need not have any intent.

우리가 우리의 감정을 표현하는 행동들은 어떠한 의도를 가질 필요는 없다.

An instinctive, exciting sound to which people dance or move their bodies is called music.

사람들이 춤을 추고 신체를 움직이는 본능적이고 흥겨운 소리는 음악이라고 불리어진다.

개념 완성

전치사 + 목적격 관계대명사

- I like the picture   +   James is interested in the picture.
  나는 그 그림을 좋아한다.   James는 그 그림에 흥미가 있다.

= I like the picture which James is interested in.

= I like the picture in which James is interested.
  나는 James가 흥미가 있는 그 그림이 좋다.

I like the picture in that James is interested. (X)
목적격관계대명사 that인 경우는 전치사가 뒤에서 앞으로 넘어올 수가 없다.

전치사 + 관계대명사 구문은 뒤에 주어, 동사로 이루어진 완전한 문장이 이어진다. be 동사 pp인 수동태 문장도 완전한 문장이다. have(had) been pp의 형태도 완전한 문장이다. 이때는 전치사는 특별히 해석하지 않고, 목적격관계대명사와 똑같이 해석을 한다.

01. The exact sequence of mistakes by which the Titanic came to collide with an iceberg has never been fully explained. E연계기출

02. But if exchanges are seen as unfair, the social structure is likely to be unstable. A friendship in which one person constantly helps another, expecting but not getting gratitude in return, is likely to be short lived. 수특14-6

03. Unless a sufficient number of events are used, the extent to which statistics can lead to valid generalizations is limited. 수능기출

04. Furthermore, societies vary in the extremity of the distinctions they draw and the rigidity with which these distinctions are enforced. 수특13-4

05. Any action that is not irrational counts as rational; that is, any action that does not have (is not believed to have) harmful consequences for you or those for whom you care is rational. 수특T1-19

06. Rudolph who founded the Building Officials Conference of America in 1915, was concerned about protecting people who have no voice in the manner of construction or the arrangement of buildings with which they involuntarily come in contact. 독연12-3

07. There are situations in which competition is an adaptive strategy; there are other situations in which cooperation is adaptive; and there are yet other situations in which an individualistic approach is most successful. 수특25-4

08. You can feel bad because you haven't accepted the compliment in the true meaning in which it was given. 수능기출

09. For example, it is not a failure of impartiality to imprison a convicted criminal while innocent citizens go free, because there is a relevant difference between them (one has committed a crime; the others have not) to which we can appeal to justify the difference in treatment. 수특11-9

10. They wanted to know the extent to which a person's personality versus the things that happened to them affected well-being and happiness. 독연2-5

11. Social activities affect psychology indirectly by serving as models to imitate. The manner in which parents treat each other is a model that children use in interacting with people. 수특 15-5

12. Since the 1960s, the rate at which new oil fields have been discovered has been declining and there are probably no massive oil fields left. 수능기출

13. Advertisers mention a minor weakness or drawback of their product in the ads promoting it. That way, they create a perception of honesty from which they can be more persuasive about the strengths of the product. 수특7-2

14. To a large extent, the success of an organization requires an atmosphere in which there is a free flow of information — upward, downward, and horizontally. 수특15-2

15. Sometimes those who have become rich recall that the happiest times were the times in which they were struggling to keep alive. 수능기출

16. Laughter resulting from humor shows itself when people find themselves in an unfavorable situation for which they generally would have felt anger and/or fear, and the detection of incongruent elements allows them to watch it from a different perspective. 수특6-2

17. It is not just the newness of contemporary literature that makes it different, but also the context in which it is written and received, something which gives it a very interesting edge over the literature of the past. 수특2-2

18. It can easily be held that writers like the Canadian Douglas Coupland and the Japanese Haruki Murakami have more in common with each other than with the literary traditions in which they grew up, because contemporary music, television and other media have had such a significant influence on their work, both formally and thematically, and these are influences to which many writers of the past did not have access. 수특2-2

2-8. 소유격 관계대명사 whose, of which

수능영어 고득점자들은 입체형 해석을 잘합니다!

Items whose colours deviated from the ideal would be judged unappealing.

입체형해석

직선형 해석 - 품목은 / 품목의 색깔이 이상적인 것에서 벗어났다 / 그 품목은 매력이 없다고 판정될 것이다.
입체형 해석 - 색이 이상적인 상태에서 벗어나는 품목은 매력이 없는 것으로 판정될 것이다.

소유격 관계대명사도 역시 완전한 문장이 이어지기 때문에 목적격과 동일하게 주어(color)를 읽고 끝(the ideal)부터
올라와서 주어를 수식하면, 간단하게 해석된다.

Look at the car whose windows are broken
창문이 깨진 차를 봐라.

Those who cannot make a success are the ones whose concentration is poor.
성공할 수 없는 사람은 집중력이 형편없는 사람들이다.

This is a reading course for students whose native language is not English.
이것은 모국어가 영어가 아닌 학생들을 위한 읽기 과정이다.

개념 완성

소유격관계대명사 whose

- James needs the book.   + its cover is yellow.
  James는 그 책이 필요하다.   그 책의 표지는 노랑색이다.

= James needs the book whose cover is yellow.
= James needs the book of which cover is yellow.
  James는 표지가 노란색인 책이 필요하다.

- James needs the book. Everybody knows its cover.
  James는 그 책이 필요하다.   모든사람들은 그책의 표지를 알고 있다.

= James needs the book whose cover everybody knows.
  James는 표지를 모든 사람들이 알고 있는 그 책이 필요하다.
  James는 책이 필요하다 / 책의 표지를 모두가 알고 있는.

소유격관계대명사 whose는 사람, 사물 둘 다 쓰인다. whose 는 뒤에 완전한 문장이 오고, 생략은 불가능하다.
완전한 문장이 오기 때문에 whose뒤에는 항상 명사가 있다. 그래서 whose는 위에 예문에서 보이는 것 처럼
항상 A Whose B 라는 "A의 B" 라는 해석이 성립되어야 한다. 해석은 목적격처럼 주어먼저 해석을 한다.

01. The self-serving bias affects many people's evaluations of not only themselves as individuals but also the groups of which they are members. 수특11-10

02. When people fly across time zones, they may experience jet lag, a condition whose symptoms include fatigue and irresistible sleepiness. 수능기출

03. Unlike the television executive whose advertising income depends on the ratings, the film-maker or publisher may feel that the promotion has done its job if the public has put its money down. 수능기출

04. To those whose life is luxury, happiness means fame and profit. But these two things cannot assure our joy. For everlasting joy, we must learn to be content with what we are and what we have. 수능기출

05. Negativism isn't a philosophy, it's an attitude. It's the attitude of a player whose nerves aren't as strong as he'd like them to be. Attitudes can be changed, but first they have to be recognized. 수특11-6

06. Items whose colors deviated from the ideal would be judged unappealing even if the same color was liked in the abstract or in another context. 수특2-5

07. Uncontrollable outside factors can sink a wonderfully designed team (a hurricane just swept the entire inventory out to sea) or rescue one whose design was so bad that failure seemed assured (the firm that was competing for the contract just went belly-up). 수특T1-2

08. On the same block on which his family lived, Oz's father had a dear friend, Israel Zarchi, a novelist whose books sold quite well. 독연12-5

09. An accountant is a person whose job is to keep or inspect financial accounts. 독연3-6

EBS 명문장과 수능기출명문장으로 해석에 날개를 달고 만점에 도달하자.

2-9. It is (was) ~ that 강조구문

수능영어 고득점자들은 입체형 해석을 잘합니다!

It is James that drinks a cup of coffee in the morning.
= It is James who drinks a cup of coffee in the morning.

입체형해석

입체형 해석 – James가 아침에 커피를 마셨다.

문장에서 강조하고 싶은 부분을 it is ~ that 사이에 넣어서 문장성분을 강조한다.
that 뒤를 보고, 동사가 나오면, 주어를 강조한 것이고 (주격의 모양), 목적어가 없으면, 목적어를 강조한 것이다.
(목적격의 모양) 사람을 강조할 때는 that 대신에 who, 사물을 강조하고 싶을 때는 which를 쓸 수 있다.

개념 완성

강조를 하지 않았을 때의 원래 문장
- **James drinks a cup of coffee in the morning.**
  James는 아침에 커피한잔을 마신다.

강조를 했을 때의 문장

1. 주어 james를 강조하면,

- **It is James that drinks a cup of coffee in the morning.**
  아침에 커피를 마신것은 James다.

2. a cup of coffee를 강조하면,

- **It is a cup of coffee that James drinks in the morning.**
  James가 아침에 마신것은 커피다.

3. in the morning을 강조하면,

- **It is in the morning that James drinks a cup of coffee.**
  James가 커피를 마신 것은 아침이다.

자주 받는 질문
가주어와 진주어 that절의 문장은 that절이하가 주어이기 때문에 강조구문과는 다르다.

- **It is true that the earth is round.**
  지구가 둥글다 라는 것은 사실이다. (가주어 it 문장)

01. It is not stress, but the way we cope with stress, that determines our level of productivity.
    E연계기출

02. It is during the middle school years of self-doubt that the personality is often assaulted and damaged beyond repair. 수능기출

03. It is time which affords a perspective to events and lends a charm that brightens up the past. 수능기출

04. It is the inherent ambiguity and adaptability of language as a meaning-making system that makes the relationship between language and thinking so special. E연계기출

05. And it was then that Jim remembered something his grandfather used to say to him whenever someone was unreasonable. 수특T2-28

06. The more important a sporting event is, the more stressful we are likely to find it. It is probably true to say, for example, that most footballers would find themselves more anxious competing in the World Cup than in a 'friendly'. However, we must remember that it is the importance of the event to the individual that counts. 수특11-11

07. It is not just the newness of contemporary literature that makes it different, but also the context in which it is written and received, something which gives it a very interesting edge over the literature of the past. 수특2-2

어법 특강

수능어법문제는 항상 EBS연계지문에서 변형됩니다.

해설강의
보러가기

01. All animals have a minimum space requirement, (which/ without which) survival is impossible.

02. They look for employees (who/ which) support each other, take pride in their work, and (encourage/ encouraging) a pleasant working environment.

03. There are too many movies (that/ what) give you a false impression of American life.

04. Do you have the courage (which/ what) comes from the sincere conviction (that/ which) you are a person of sound character, an honest, dependable, kind, and caring person?

05. Any writer (whose/ who) proposal is selected for funding will receive an all paid vacation.

06. We study philosophy (because/ because of) the mental skills it helps us develop.

07. Taking a bath in water (whose/ which) temperature ranges between 35`c and 36`c helps calm you down when you are feeling nervous.

08. Those who cannot make a success in their business are the ones (whose/who) concentration is poor. Many of those who have succeeded in life owe this to the fact (that/which) their concentration is good.

09. There are things (which / what) in a sense I remembered, but which did not strike me.

010. Kam built his first windmill, (where / which) generated enough power to run a light in his room.

O11. We are currently seeking friends (who / whose) studying method is similar to our own.

O12. There are two types of taxes (that are / what) applied to properties purchased by an overseas investor.

정답 및 해설

01. without which – 모든 동물들은 최소한의 공간의 조건이 있는데 그 조건이 없이는 생존은 불가능하다. (뒤에 완전한 문장이 나와 있으니, 전치사 + 관계대명사가 온다)

02. who, encourage – 그들은 노동자들을 찾고 있는데 서로를 도와주고, 그들의 일에 자부심을 느끼고 즐거운 작업환경을 격려하는 그런 노동자들을 찾고 있다. (선행사가 사람이니 who가 맞고, 동사 support, take와 병렬이기 때문에 encourage가 온다.)

03. 관계대명사 that – 미국의 인생에 대한 잘못된 인상을 우리에게 주는 너무 많은 영화들이 있다. (선행사 movies가 있으니, what은 올 수 없다.)

04. which , that – 당신은 당신이 정직하고, 믿을만하고, 친절하고 꼼꼼한 건전한 사람이다라는 진실한 확신에서 오는 용기를 가지고 있는가? (선행사 the courage가 있으니, what은 올 수 없다. 그리고, 추상명사 conviction이 나와 있고 뒤에 완전한 문장이 나왔으니, which는 올 수 없다.)

05. whose – 작가의 제안이 자금조달을 위해 선택되어질 것인데 그 작가는 공자 휴가를 받을것이다. (뒤에 완전한 문장이 나와 있으니, 주격관계대명사 who는 올 수 없다.)

06. because of – 우리는 철학을 연구한다. 그 철학이 우리가 개발할 수 있도록 도와주는 정신기술 때문에 (skills 뒤에 목적격관계대명사 which (that)이 생략되었으니, 전치사 because of가 온다)

07. whose– 온도가 35도에서 36도 까지 이르는 물에서 목욕을 하는 것은 당신이 긴장했을 때 당신을 진정시키는 것을 도와준다. (뒤에 완전한 문장이 나와 있으니 whose가 온다)

08. whose, that – 그들이 사업에서 성공할 수 없는 사람은 집중력이 형편없는 사람들이다. 인생에서 성공한 많은 사람들은 성공한 것을 그들의 집중력이 좋다라는 탓으로 돌린다. (역시 완전한 문장이 왔으니, whose가 오고, 추상명사 the fact 뒤에 완전한 문장이 왔으니, 동격의 that이 온다)

09. which – 어떤 면에서는 내가 기억했던 것들도 있고, 나에게 생각이 나지 않았던 것들도 있다. (이중수식이다. 선행사 things를 두개의 which가 수식을 한다.)

010. which – kam이 최초의 풍차를 발명했는데 그것은 그의 방에 전구를 밝힐 정도의 충분한 전력을 만들었다. (뒤에 동사 generated가 있으니 주격관계대명사 자리이다.)

011. whose – 우리는 친구들 찾고 있는데 그 친구들의 공부 방법이 우리의 것과 비슷한 그런 친구들을 찾고 있다. (친구의 공부방법, 뒤에 완전한 문장이 있으니, who는 올 수 없다)

012. that are – 해외 투자가에 의해 구매되어진 재산에 적용되어지는 두 가지 세법이 있다. (뒤에 수동태 형태의 주격관계대명사가 온다)

3-1. 관계부사 where

수능영어 고득점자들은 입체형 해석을 잘합니다!

Our ancestors inhabited an world where the news did not travel far beyond the village.

직선형 해석 – 우리 조상들은 / 거주 했다. / 세상에 / 그 세상에서는 뉴스가 마을 넘어 멀리까지 이동하지 못했다.

입체형 해석 – 우리조상들은 뉴스가 마을 넘어 멀리까지 이동하지 못한 세상에서 거주했다.

관계부사 where 이 있다면 그 뒤에 완전한 문장은 선행사를 꾸미게 되어 있다. where앞에서 끊어 읽으려 하지 말고, 뒤에 문장과 선행사를 연결하려고 해야만 해석이 명료해진다. 주어 (the news) 부터 읽고 끝(the village)으로 가서 an world를 수식하면 생각보다 쉽다.

The area where the tree can get water depends on the quality of soil.

나무가 물을 얻을 수 있는 지역은 토양의 특징에 달려있다.

I went back to the town where I was born.

나는 내가 태어난 마을로 되돌아 갔다.

America is the country where people with different backgrounds are brought together.

미국은 다양한 배경의 사람들의 함께 데려와진 나라이다.

관계부사 where

• This is the house.   +   James lives in the house.

= This is the house which James lives in.
= This is the house (that) James lives in.

= This is the house in which James lives.
= This is the house where James lives.
= This is the house (that) James lives.

이것은 James가 살고 있는 집이다.

관계부사 where 앞에는 장소가 있고, 뒤에는 완전한 문장이 오며, that으로 바뀔 수 있는데, 이 관계부사 that도 생략될 수 있다. 관계부사는 뒤에 완전한 문장이 온다는 점에서 관계대명사와는 구별된다.

01. TV increasingly defines what the world where we live actually is. 수능기출

02. Spills that occur in areas where the oil remains confined increase the initial risk of fire or explosion. 수특21-1

03. In a world where economic ruin is often tied to social collapse, societies are well advised to exploit all the human capital they have. 수능기출

04. The moment a child begin school, he or she enters a world of cruel-competition where success and failure are clearly defined and measured. E연계기출

05. One approach to human-wildlife conflicts is to create preserves, wildlife refuges, or parks where human impact on wildlife is minimized. 수특3-5

06. Children who have grown up in situations where there is absolute poverty, social problems, or abusive relationships, have been found to have significantly decreased life chances and may go on to have social or emotional maladjustment in their adult life. 독연 5-3

07. Both said they came from families where the parents weren't very communicative or intimate. 독연5-4

08. When a fingerprint is found at a place where a crime has been committed, it is compared with those stored in the computer databases. 수능기출

09. But even in cases where the experts are qualified, they often disagree. Hence, the common advice is to seek " a second opinion." Depending on authority makes sense only when the experts all agree. 수능기출

3-2. 관계부사 when

수능영어 고득점자들은 입체형 해석을 잘합니다!

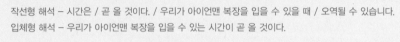
The time will soon come when we can wear the suit of Ironman.

작선형 해석 - 시간은 / 곧 올 것이다. / 우리가 아이언맨 복장을 입을 수 있을 때 / 오역될 수 있습니다.
입체형 해석 - 우리가 아이언맨 복장을 입을 수 있는 시간이 곧 올 것이다.

관계부사 when 뒤에도 완전한 문장이 나오기 때문에 where과 마찬가지로 주어(we)를 먼저 읽고 끝(ironman)으로
가서 선행사 the time을 수식해야만 오역이 되지 않는다.

There will be times when you will want to scream at your teachers.
당신이 선생님에게 소리치고 싶은 시간이 있을 것이다.

I asked her the time when they would visit my house.
나는 그들이 나의 집을 방문할 시간을 그녀에게 물어보았다.

The bears feed during winter, (when / which) they spend off the coast.
곰들은 그들이 해안가에서 떨어진 곳에서 보내는 겨울동안에 먹이를 먹는다. (정답 which : 뒷문장이 spend의 목적어가 없다.)

개념 완성

관계부사 when

• Let me know the time.   +   James will come at the time.

= Let me know the time (which) James will come at.

= Let me know the time at which James will come.
= Let me know the time when James will come.
= Let me know the time (that) James will come.

나로 하여금 James 가 올 시간을 알게 해주세요.

관계부사 when 앞에는 시간이 있고, 뒤에는 완전한 문장이 오며, which처럼 that으로 바뀔 수 있는데, 이
관계부사 that도 생략될 수 있다. 관계부사는 뒤에 완전한 문장이 온다는 점에서 관계대명사와는 구별된다.

01. The rose is a rose from the time it is a seed to the time it dies. 수특11-8

02. Given all the drawbacks and disadvantages of electronic documents, why not just stick with paper? The best way of answering that question is to look back on the one other occasion in human history when a writing medium was replaced. 수특6-3

03. Sleep recharges our brains and helps us think more clearly. But more importantly it is a time when noise from the world outside is shut off and creative energy from the deepest inner mind can break through. 수능기출

04. During past wars when many people were wounded, it could take several days for all the injured soldiers to be found and taken to a doctor. 수능기출

05. Not until 1920, when a new community high school opened in Harbin, was Emma allowed to attend school. 독연13-8

06. E-mail is great for transactional correspondence, but there are times when the message you are sending is too critical or sensitive to be sent via e-mail. 독연14-24

07. If art were merely a record of the appearances of nature, the closest imitation would be the most satisfactory work of art, and the time would fast approach when photography should replace painting. 수능기출

3-3. 관계부사 why

수능영어 고득점자들은 입체형 해석을 잘합니다!

The reason why singers must listen to the opinion of voice teachers is because you hear your voice differently.

직선형 해석 – 그 이유는 / 가수는 들어야만 한다. 노래선생님의 의견을/ 때문이다 / 당신은 당신의 목소리를 다르게 듣는다. 해석이 꼬일 수 있음

입체형 해석 – 가수들이 노래 선생님의 의견에 경청해야만 하는 이유는 당신은 자신의 목소리를 다르게 듣기 때문이다.

관계부사 why 뒤에도 완전한 문장이 나오기 때문에 주어(singers)를 읽고 동사(is)앞에 있는 voice teachers부터 해석을 거슬러 올라가서 the reason을 꾸며주면 항상 해석이 틀려지지 않는다. because뒤에도 완전한 문장이 나오기 때문에 동일하게 해석한다.

This is the reason why people who believe they are creative become creative.

이것이 바로 그들이 창의적이라고 믿는 사람들이 창의적이 되는 이유이다.

One reason why the definitions of words have changed over time is simply because of their misuse.

한 가지 이유는 단어의 정의가 시대의 흐름에 따라 바뀐 한 가지 이유는 단순히 단어의 잘못된 사용 때문이다

Happiness is the reason for which he lives.

행복은 그가 사는 이유이다.

관계부사 why

• This is the reason.   +   James lives for the reason.
  이것은 이유이다.   James는 그 이유때문에 산다.

= This is the reason which James lives for.

= This is the reason for which James lives.
= This is the reason why James lives.
= This is the reason (that) James lives.

이것이 James가 사는 이유이다.

관계부사 why 앞에는 이유가 있고, 뒤에는 완전한 문장이 오며, which처럼 that으로 바뀔 수 있는데, 이 관계부사 that도 생략 될 수 있다. 관계부사는 뒤에 완전한 문장이 온다는 점에서 관계대명사와는 구별된다.
That's why S + V (결과적 내용)   That's because S + V (원인의 내용)

01. When my young friends ask me the reason why I haven't bought a television set, I tell them that there are thousands of good books I still want to read. 수능기출

02. Convenience and fulfillment of basic human needs are two of the most significant reasons why consumers buy green products — not necessarily for environmental reasons but for better value (safety, money). 독연3–2

03. The reason we are usually not aware of the theory is simply that it works so well. E연계기출

04. The primary reason people degrade with age is that they believe they will. 독연13–14

05. According to the physiologists, the principal reason beauty can bring about tears lies within the nature of the one who weeps. 수능기출

06. I propose that the reason people enjoy the book version of a story more than the film version is that each reader creates the details in his or her favorite scenes. E연계기출

07. One reason many people keep delaying things they should do is that they fear they will do them wrong or poorly, so they just don't do them at all. 수능기출

08. Most microbes are harmless, but some may be disease-causing germs. That is why you should wash your hands. As the experiment showed, however, washing with water alone doesn't do as good a job as washing with soap. That is because soap grabs microbes and makes it easier for the germs to be washed away with the vigorous rubbing of hands and fingers, though this does not kill the bacteria. 수능기출

3-4. 관계부사 how

수능영어 고득점자들은 입체형 해석을 잘합니다!

Humans communicate through the way words are arranged.

직선형 해석 – 인간들은 대화를 한다 / 방식을 통해서 / 단어들이 배열되는
입체형 해석 – 인간들은 단어들이 배열되는 방식을 통해서 대화를 한다.

관계부사 how 혹은 the way뒤에도 완전한 문장이 이어지기 때문에 주어 (words)부터 읽고 뒤로 가서 해석한 후
the way를 수식하여 전체 해석을 완성하면 깔끔하다.

Car alarm is one of the ways that automobiles damage the urban environment.
자동차 경적은 자동차가 도시 환경을 해치는 방식들 중에 하나이다.

The way we see things is different from the way in which we recognize them.
우리가 사물들을 보는 방식은 우리가 사물들을 인지하는 방식과는 다르다.

The standard of a civilization is the way that it cares for its helpless members.
문명의 기준은 그 문명이 문명의 무력한 구성원을 돌보는 방법이다.

개념 완성

관계부사 how

- This is the way.   +   James reads English in the way.
  이것은 방식이다.   James는 그 방식으로 영어를 읽는다.

= This is the way which James reads English in.

= This is the way in which James reads English.
  This is the way how James reads English. (X)

= This is the way that James reads English.

= This is how James reads English.
  이것은 James가 영어를 읽는 방법이다.

관계부사 how는 방식을 의미하고, 뒤에는 완전한 문장이 온다. the way how는 쓰일 수가 없으며, that으로 바꿔
쓸 수는 있으며, 이 관계부사 that도 생략될 수 있다. the way how는 불가능하지만, the way that, the way,
how는 모두 가능하고, 해석은 "~하는 방식"으로 한다.

01. Much of the attraction of money comes from the way that it can be used to acquire power, material comfort or social status. 수능기출

02. It is far better to accept that the work environment, including management action, shapes people's behavior and abilities and that every manager can improve the way they manage people regardless of innate characteristics. 독연4–5

03. Culture is the primary factor affecting the way in which man responds to the environment, and since there is a wide variety of cultures, there is a wide variety of cultural responses, even to the same environment. 수특20–3

04. Since there's no job training for being a parent, how do we learn how to parent? Most of us probably parent (in) the way we were parented. Louise, a mother who attended my seminars, shared how her mother dealt with sibling fighting. 독연13–16

05. He saw a handbag lying on the road and stopped and picked it up. It was filled with over $12,000, as well as credit cards and an ID. He said, "It would have been real simple to take the bag and walk away. That's not the way I am." 독연10–12

06. People's answers are also influenced by how the questions are stated and the order of question presentation. 수특15–4

07. Up until the middle of the 19th century, little was known about the nature of infectious diseases and the ways in which they are transmitted. 독연11–12

08. The choices we make and the way we live can play roles in turning the tide. By eating in a way that is suitable both for our own health and for the health of the biosphere, we can help our society to overcome the enormous environmental challenges of our times. E연계기출

4-1. 관계대명사의 계속적인 용법

수능영어 고득점자들은 입체형 해석을 잘합니다!

I did not answer the phone, which caused my father to be angry.

직선형 해석 – 나는 전화를 받지 않았다. 그리고 그것이 아빠를 화나게 했다.
입체형 해석 – 나는 전화를 받지 않았다. 그리고 내가 전화를 안 받은 것이 아빠를 화나게 했다. (and it)

콤마 which가 주격임을 확인하고 the phone을 받은 후, 해석이 어색하면, 앞 문장을 받아야 한다.
콤마를 and 혹은 but으로 바꾼 후 the phone을 받는 대명사 it 을 주어로 써준다.
which가 무엇을 의미하는지 캐치하는 것이 핵심이다.

개념 완성

관계대명사의 계속적인 용법.

- James has a beautiful car, which is safe.
=James has a beautiful car and it is safe.
   James는 아름다운 차가 있는데, 그 차는 안전하다.

- James had a beautiful car, which somebody stole.
=James had a beautiful car but somebody stole it.
   James는 아름다운 차가 있었는데, 누군가가 그 차를 훔쳐갔다.

- James wanted to find his car, which he found hard.
= James wanted to get back his car, but he found it hard to get back his car.
   James는 그의 차를 되찾기를 원했지만, 그는 차를 되찾는 것이 어렵다라는 것을 발견했다.

- She says that James feels happy, which results in his success.
= She says that James feels happy, and it (this) results in his success.
= She says that James feels happy, resulting in his success.
   그녀는 James가 행복하고 그것이 그의 성공의 결과를 낳았다고 말한다.

콤마 뒤에 있는 관계대명사는 계속적인 용법이라고 하며, 위에서처럼 접속사(and, but) + 대명사로 바뀔 수가
있다. 이때 which는 명사를 받을 수도 있고, 명사구도 받을 수 있으며, 앞 문장 전체를 받을 수도 있다.
which가 앞에서 어떤 말을 의미하는지 빠르게 캐치한다면, 독해가 훨씬 정확해지고, 빨라집니다.

01. The farmhouse has five elegant guest rooms with TV and queen-sized beds, which accommodate one to five people. E연계기출

02. I suggested accompanying her to her house, which she declined with thanks. 수능기출

03. Social exchanges are usually governed by the norm of reciprocity, which requires that people help those who have helped them. 수특14-6

04. Before the nineteenth century, the only methods available for preserving meat were drying, salting, and smoking, none of which were entirely practical since large quantities of food could not be processed or preserved for very long. 수특7-3

05. Legal scholars regard a trial as a story contest, too, in which opposing counsels construct narratives of guilt and innocence — arguing over who is the real protagonist. 수특4-6

06. We often hear that people change only when a crisis compels them to, which implies that we need to create a sense of fear or anxiety or misfortune. 수능기출

07. But the highest achievements and advances of culture depend on the application of careful reasoning, which is the province of the conscious system. 수특13-5

08. Other spaces where natural light may not be desirable include entertainment spaces such as concert halls and theaters, where the lighting needs to focus entirely on the performances. 수특7-2

09. Sometimes, it seems that people simply like to try new things — they are interested in variety seeking, in which the priority is to vary one's product experiences, perhaps as a form of stimulation or to avoid being bored. 수특11-5

핵심을 이해하고득점
핵이득
SYNTAX

EBS 명문장과 수능기출명문장으로 해석에 날개를 달고 만점에 도달하자.

4-2. 관계대명사의 계속적인 용법 심화

수능영어 고득점자들은 입체형 해석을 잘합니다!

Genetic engineering presents a number of serious dangers, some of which lead to ethical concerns.

입체형해석

유전 공학은 많은 심각한 위험을 제공한다. 그리고 몇몇 위험은 유전적인 걱정을 야기한다. (and some of them)

some of which를 하나의 주어 덩어리로 봐야한다. (뒤에 lead동사가 있기 때문이다.)
which가 앞에 있는 dangers 복수명사를 가리키기 때문에, 콤마를 접속사 and나 but으로 바꾼다음, which를 them (dangers)으로 바꾼다. some of them의 주어는 them 이다.

개념 완성

관계대명사의 계속적인 용법 2

one, some, all
each, most
either, many

of whom / which

- James caught 20 fish, most of which were big.
- = James caught 20 fish and most of them were big.

  James는 물고기 20마리를 잡았는데, 대부분 물고기는 컸다.

- James had 100 cards, some of which he lost
- = James had 100 cards but he lost some of them.

  James는 100장의 카드를 가지고 있었지만, 몇 개 카드를 잃어버렸다.

- James caught 20 fish, most of which were big.
- = James caught 20 fish and most of them were big.
- = James caught 20 fish , most of them (being) big.

  James는 물고기 20마리를 잡았는데, 대부분 물고기는 컸다.

all of whom 처럼 수량을 나타내는 형용사와 함께 있는 관계대명사도 마찬가지로, 콤마(,)를 and나 but으로 바꾸어 주고 난 후 whom 이나 which를 대명사로 바꾸어 준다. 그때 대명사는 주격은 주어에 써주고, 목적격은 목적어에 써준다. all of them에서 주어는 all 이 아니라 them 이다. of라는 전치사가 있지만, 수량형용사들은 all of them 모든 그들이라고 해석을 한다.

01. Our world is filled with piles of words, many of which are full of sound and fury, signifying nothing. 수능기출

02. To the right of the windows, a metal shelf was packed with a large variety of dolls and stuffed animals, some of which had fallen to the ground, lying like corpses at a murder scene. 수능기출

03. One of the forces that drive evolution is constant competition among species, in the course of which one species gains temporary advantage through an evolutionary innovation, only to be overtaken by a counter-innovation. 수능기출

04. The behavior between mother and infant, and later between father and infant, is the foundation stone for adult bonding, friendliness, and love, all of which are at the heart of social organization. 수특T1-23

05. When Pope Julius II asked Michelangelo to design a tomb for him, Michelangelo devised a design calling for 40 sculptures, only a few of which were completed before Pope Julius decided not to spend any more money. 평가원기출

06. A tree is a huge biomass that affects everything around it. By its sheer size it provides homes for many creatures and insects, all of [them / which] also use it for food. 수특7-1

07. The nation is dealing with an obesity crisis, part of which can be attributed to the difficulty consumers have in making informed choices. 수능기출

08. More than half of today's baby boomers will live past age 85, but unless they take the proper steps, many of (them / whom) will bear a heavy burden of chronic disease along the way. 수능기출

어법 특강

수능어법문제는 항상 EBS연계지문에서 변형됩니다.

해설강의
보러가기

01. I have two brothers, (both of them / both of whom) are still single.

02. It is hard to measure (where / what) the tree is getting water.

03. Happiness is always within the reach of our hands, (which / where) we are not aware of.

04. The surroundings (where / which) the employees work are pleasant.

05. She lived in a small room, (where / which) she couldn't practice without disturbing the family.

06. This wind, which has traveled from the North Pole (which / toward which) I am going, gives me a taste of the icy climate.

07. The jobs (where / which) most companies are doing with information today would have been impossible several years ago.

08. Happiness is the reason (which / for which) he lives.

09. The bears feed during winter, (when / which) they spend off the coast.

O1O. During past wars (when / which) many people were wounded, it could take several days for all the injured soldiers to be found and taken to a doctor.

O11. Spills that occur in areas (where / which) the oil remains confined increase the initial risk of fire or explosion.

정답 및 해설

01. both of whom – 나는 두 형제가 있는 그들 모두 미혼이다. (두 문장은 콤마로 연결될 수 없다. 접속사 기능이 있는 관계대명사 whom이 온다.)

02. where – 어디에서 나무가 물을 얻는가를 측정하는 것은 어렵다. (보통 what은 불완전한 문장이 오고, where뒤에는 완전한 문장이 온다.)

03. which – 행복은 항상 우리의 손에 닿는 곳에 있다 우리는 그것을 깨닫지 못한다. which가 앞문장 전체를 받는다. (문장 뒤에 보면 전치사 of 뒤에 목적어가 없는 불완전한 문장이 있으니, which가 온다.)

04. where – 그 노동자들이 일하는 환경들은 유쾌하다. (완전한 문장이 와서 장소인 환경을 수식하는 where이 온다.)

05. where – 그녀는 작은 방에 살고 있었는데 그 곳에서 그녀는 가족을 방해하는 것 없이 연습을 할 수가 없었다. (연습하다의 practice는 자동사 (연습을 하다) 와 타동사 (~을 연습하다) 2가지 모두 된다. 선행사 the room은 practice 뒤에 들어갈 수 없으니, 관계부사 where이 온다.)

06. toward which – 내가 북극으로 향하고 있는데 그 북극으로 부터 불어오고 있는 이 바람은 나에게 차가운 기후의 맛을 주었다. (원래 go toward the North Pole 이기 때문에 toward which 가 온다.)

07. that – 오늘날 대부분의 회사들이 정보를 가지고 하는 일들은 몇년 전에는 불가능 했었다. (뒤에 doing뒤에 목적어가 없는 불완전한 문장이다. 그래서 the jobs은 직업이 아니라 일이라고 해석을 해야한다.)

08. for which – 행복은 그가 살아가는 이유이다. (for which는 관계부사 why와 같다. 뒤에 완전한 문장이니, which는 올 수 없다.)

09. which – 곰들은 그들이 해안가에서 떨어진 곳에서 보내는 겨울동안에 먹이를 먹는다. (뒤에 있는 동사 spend뒤에 목적어가 없는 불완전한 문장이니, which가 온다)

010. when – 많은 사람들이 부상당했던 과거 전쟁동안에 모든 부상당한 군인들을 발견하고, 의사에게 데려가는데; 수일이 걸렸다.(뒤에 완전한 문장이니 관계부사 when이 온다)

011. which – 기름이 (폐쇄된 곳에) 갇혀 있는 지역에서 발생하는 유출은 화재나 폭발의 초기 위험성을 증가시킨다. (뒤에 완전한 문장이 오니, 관계부사 where 이 온다)

5-1. 접속사 that의 해석법

수능영어 고득점자들은 입체형 해석을 잘합니다!

That he seldom calls you doesn't necessarily mean that he no longer loves you.

 직선형 해석 – 그가 너에게 전화를 안 한다는 것은 / 반드시 의미하지는 않는다. / 그가 더 이상 너를 사랑하지 않는다는 것을
입체형 해석 – 그가 너에게 전화를 안 한다는 것은 그가 더 이상 너를 사랑하지 않는다는 것을 반드시 의미하지는 않는다.

접속사 that은 뒤에 완전한 문장이 오기 때문에 반드시 주어를 먼저 해석하고 that절 끝에서 거슬러 올라온다. 문장
속에 문장이라는 생각으로 하나로 잘 묶어야 한다. 한 문장에 that절이 2개 있다면, 겁 먹지 말고 두 문장을 각각
해석한 후 동사를 잘 연결하면 된다.

 개념 완성

접속사 that

- That the earth is round is a common belief.
  지구가 둥글다라는 것은 상식이다. (주어를 이끈다)

- Many people think (that) the earth is round.
  많은 사람들은 지구가 둥글다고 생각한다. (목적어를 이끈다)

- The chances are (that) the earth is round.
  지구가 둥글다라는 것은 가능하다. (보어를 이끈다)

- The reason she smiles is (that) she was invited by him.
  그녀가 웃는 이유는 그에 의해 초대되었기 때문이다.

- I`m afraid (that) you have a wrong number.
  전화를 잘못 거신 것 같습니다.

- James told me (that) the earth is round.
  James는 나에게 지구가 둥글다고 말했다.

teach, tell, convince, remind, inform, persuade + **목적어(사람)** + 접속사 that **주어 + 동사**

사람에게 that절을 가르치다, 말하다, 확신을주다, 상기시키다, 알려주다, 설득시키다

접속사 that은 앞에 선행사가 없고, 뒤에는 완전한 문장이 이어진다. 문장 속에 또 하나의 문장을 이끌고 있다.
주어자리를 제외한 모든 자리에서, 접속사 that은 생략될 수 있고, 생략이 되었을 때는 보통 동사뒤에 또하나의
완전한 문장이 이어지게 된다.

01. At an early age, Alexander was fearful that the shadow cast by his father Philip would eclipse his own ambitions. 수특8-4

02. When getting rid of your old device, it's important to take steps to help ensure this information doesn't fall into the wrong hands. E연계기출

03. The highly competitive global marketplace of today has convinced employers they can no longer survive, let alone thrive, with a workforce of average performers. 수특5-4

04. An American friend who spent his childhood in rural Kenya told me that some of his Kenyan friends were very inventive, and used sticks and string to build their own small cars with wheels and axles. 수특4-3

05. Material remains from prehistoric sites clearly show that our distant ancestors thought that disease had a cause and that someone could use that knowledge to help the sick person. 독연14-14

06. If I only wrote when I knew it would be perfect, I'd still be working on my first book! 수능기출

07. The mere fact that there are laws that permit something to happen — "It's legal, so we can do it" — does not mean that no one can challenge these laws and change them as a result of open discussions. 수특3-1

08. Societies that think early marriages are not desirable don`t trust the judgement of young people to choose their own mates. 수능기출

09. The term fact is normally reserved for an observation or explanation that is absolutely true. But no scientist would claim that anything is absolutely true. At most, they would claim that the preponderance of evidence points to the truth of the observation or explanation. 수특15-6

10. The reason the other fellow does not always appear friendly may be that he is afraid you will reject him. Speak to him first, then chances are he will begin to warm up. 수능기출

11. James Hillman, a leading psychotherapist, suggests that we do not need to interpret the images that arise, but that the image itself is more important, more inclusive, and more complex than what we have to say about it. In other words, images demand respect not analysis. 수능기출

12. If you believe your body is breaking down, you will cause it to break down. It's much like when a physician tells a patient he has three months left to live and the patient dies precisely three months later, or when a witch doctor puts a curse on a person and it works. 독연13-14

13. I very much regret to have to inform you that your position is one which will be no longer needed on March 1. 수능기출

14. As the weather begins to get nicer and more and more residents are walking or jogging in town, we are taking this opportunity to remind you that it is illegal to walk or jog in the street when a sidewalk is available on a road. 수능기출

15. It has taken centuries to persuade the most intellectual people that liberty to express one's opinions and to discuss all questions is a good and not a bad thing. 수능기출

5-2. 관계대명사 what의 해석법

수능영어 고득점자들은 입체형 해석을 잘합니다!

What you concentrate on is what can be remembered later.

직선형 해석법 – 너가 집중하는 것이 / 이다 / 나중에 기억될 수 있는 것

입체형 해석법 – 너가 집중하는 것이 나중에 기억될 수 있는 것이다.

관계대명사가 목적격일 때는 주어먼저 해석을 하고 주격일 때는 뒤에서 거슬러 올라오는 것이 더 깔끔한 해석이 된다. what은 "것" 이라고 해석을 하고 "무엇" 으로 해석이 될 때는 무엇으로 해도 무방하다. 한 문장에 what절이 2개 일 때는 각각 해석을 한 후 동사를 잘 연결해준다.

개념 완성

관계대명사 what

- James knows the thing.   +   Students want the thing.
  James는 그것을 알고 있다.   학생들은 그것을 원한다.

= James knows the thing that students want.

= James knows what students want.
  James는 학생들이 원하는 것을 알고 있다.

오답률100%에 근접했던 문제 – What은 명사자리 (주어, 목적어) 에만 들어간다.

1. All problems began to occur (which / what) we had ignored.
   우리가 무시했던 모든 문제들이 발생하기 시작했다.

2. One day Jack appeared (whom / what) everyone had considered to be dead.
   어느날 모든사람들이 죽었다고 생각했었던 Jack이 나타났다.

   1. 정답 which – 선행사가 All problems 이다.
   2. 정답 whom – 선행사가 Jack 이다.

관계대명사 what은 앞에 선행사가 없으니, 당연히 꾸미는 기능은 없다.

What은 항상 불완전한 문장이 오며, 뒤에 주어가 없는지, 목적어가 없는지 항상 살피자.

관계대명사 what은 the thing that이 축약된 표현이므로, what앞에 선행사인 명사가 위치해서는 안된다.

What으로 이끌리는 절은 문장에서 항상 명사자리 (주어, 목적어, 보어)에만 들어간다. 오답률이 높았던 2 문제는 이미 앞에 완전한 문장이 나와 있기 때문에 what이 올 수 없다. 선행사가 멀리 떨어져 있다.

01. Plot twists are major story elements that often prove to be the opposite of what was being seen or expected. 수특14-1

02. In such situations, when people are unsure about someone's words or do not necessarily trust the person, they tend to concentrate on what they see in the person's body language rather than accepting the words at face value. 수능기출

03. The body tends to do what it hears most clearly; the mind tells the body what it sees most clearly. So, thinking about what you don't want to happen greatly increases the chance that it will happen. 수특11-6

04. The ancient Greeks believed that all beauty could be explained with math and used a system to find what they called the "Golden Ratio." 수능기출

05. When personal computers were just coming onto the market, software publishers were concerned about the ability of hackers to copy what they considered to be their intellectual property. 수능기출

06. In cooking, there is a recipe to follow and the food comes out bad if you stray from it. What those people I met didn't know until I told them this is that nobody gets it right the first time, or the second, or the third. 독연13-11

07. Have you ever failed to point out the positives because you were so focused on identifying what athletes needed to do to improve? It's an easy trap to fall into. 수특3-3

08. They have often decided long before the experiment what they would like the result to be. This means that very often bias is (unintentionally) introduced into the experiment, the experimental procedure or the interpretation of results. 수능기출

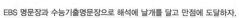

5-3. 접속사 whether의 해석법

수능영어 고득점자들은 입체형 해석을 잘합니다!

Animal rights activists question whether research with animals is necessary for medical progress.

 입체형해석

직선형 해석 - 동물 보호주의자들은 / 의구심을 제기한다. / 동물을 이용하는 연구가 / 필요한 것인지를 /의학적 발전을 위해서
입체형 해석 - 동물 보호주의자들은 동물을 이용하는 연구가 의학적 발전을 위해서 필요한 것인지에 의구심을 제기한다.

접속사 whether도 완전한 문장이 나오기 때문에 whether뒤에 문장을 해석한 후 동사와 자연스럽게 연결한다.
whether절이 주어자리이면, "~인지 아닌지는" 이라 하고, 목적어자리면, "~인지 아닌지를" 이라 한다. 주어
Animal rights activists를 읽고 쭉 읽으면서 whether뒤에 주어부분을 해석하면 된다. (동사는 나중에 해석한다.)

 개념 완성

명사절을 이끄는 접속사 whether(if)의 역할 (~인지 아닌지)

주어역할
- It's unclear whether James shot himself or was murdered.
  James가 자신을 쐈는지, 살인 당했는지는 확실하지 않다.

타동사의 목적어역할
- James will check if(whether) the movie is playing.
  James는 영화가 상영중인지 아닌지를 확인할 것이다.

전치사의 목적어역할
- I can`t answer the question of whether or not computers can think.
  나는 컴퓨터가 생각을 할수 있는지, 없는지에 대한 질문에 답을 할 수가 없다.

보어의 역할
- The question is whether this is true.
  이것이 사실이냐 아니냐가 문제다.

접속사 whether도 주어, 목적어, 보어 자리에 들어갈 수 있고, 특히 타동사의 목적어자리에서는 if로 써도
무관하다. 접속사이기 때문에 뒤에 완전한 문장이 나오며, or not의 위치는 맨끝이나, 중간에도 가능하고,
whether뒤에도 가능하다.

01. One wonders whether our children's inherent capacity to recognize, classify, and order information about their environment — abilities once essential to our very survival — is slowly devolving to facilitate life in their increasingly virtualized world. 독연 7-11

02. Whether such campaigns do succeed in shocking people to change their behavior is the subject of ongoing debate. E연계기출

03. For those who are registered for the aviation course, what the weather is like will determine whether the flight takes place or not. 수능기출

04. Kysar argues that consumers often have preferences about how a good is produced, in particular about whether the production process conforms to basic environmental standards or labor regulations. 수특6-5

05. That morality depends on society should be clear: Imagine you are alone on a desert island. Whether any action you take is "moral" or "immoral" is largely irrelevant. 수능기출

06. When I run, I make a series of choices about actions I will take that might affect whether I win. I feel a sense of mastery or failure depending on whether I successfully execute the actions in the ways I intended. 독연4-7

5-4. 여러가지 의문사 해석법

수능영어 고득점자들은 입체형 해석을 잘합니다!

To apologize sincerely, we must first listen to how the other person really feels about what happened

직선형 해석 – 진심으로 사과하기 위해서 / 우리는 먼저 경청해야 한다. / 어떻게 다른 사람이 실제 느끼는지 / 발생한 것에 관해

입체형 해석 – 진심으로 사과하기 위해서 우리는 먼저 어떻게 다른 사람이 발생했던 것에 관해 실제 느끼는지를 먼저 경청해야 한다.

의문사 how는 완전한 문장이 이어지기 때문에 how 뒤에 주어 (the other person)을 해석한 후
끝 (what happened)에서 거슬러 올라오면 자연스럽게 해석된다. 주어(we)를 읽고 쭉 읽어가다가 의문사 how를
발견한 후 the other person부터 해석을 시작한다.

개념 완성

아래 있는 문장들을 살펴보면, 관계사와는 다르게 하나같이 선행사가 없음을 알 수 있다. 그리고, 뜻이 있다.

1. 의문대명사 (who, what, which는 뒤에 불완전한 문장이 이어진다.)

• I don`t know who sent the letter.

　나는 누가 편지를 보냈는지 모른다. (who의 해석 – 누가)

• What he did was unclear.

　그가 무엇을 했는가(그가 했던 것은)는 명백하지 않다. (what의 해석 – 무엇을)

2. 의문형용사 (which, what, whose 들이 특정명사를 수식한다.)

• I don`t know whose book it is.

　나는 그것이 누구의 책인지를 모른다. (whose의 해석 – 누구의)

• The discussion should be about which plan is better.

　그 토론은 어느 계획이 더 좋으냐에 관한 것이어야만 한다. (= what plan ~) (which의 해석 – 어느, 어떤)

3. 의문부사 (선행사는 없고, 의문부사 뒤에도 완전한 문장이 나온다)

• The child will ask when she can start piano lessons.

　그 아이는 언제 그녀가 피아노 레슨을 시작할 수 있는 지를 물어볼 것이다. (when의 해석 – 언제)

• Where he will visit is another question.

　그가 어디를 방문하냐는 것은 또 다른 문제이다. (where의 해석 – 어디)

• I know how he can become happier.

　나는 어떻게 더 행복해질 수 있는지를 안다. (how의 해석 – 어떻게, 방식) (방식의 how = the way)

• The question is how much money he could spend for it.

　문제는 그것에 그가 얼마나 많은 돈을 쓸 수 있느냐는 것이다. (much 형용사수식) (정도의 how 얼마나)

모르는 단어는 해설과 함께 정리되어 있습니다.

01. People decide what personal information they will disclose, how they will disclose it, and to whom they will disclose it based on reward which will occur. 수능기출

02. When you work for an established organization you are used to certain things. You know how much money you will bring home each month; how many hours you are expected to work. 독연4-10

03. It is surprising just how tolerant some cats and kittens can be with babies and young children, but this is not something you should put to the test. 수능기출

04. For example, in patrilocal societies, where daughters live with their husband's family once they marry, it is the husband's family that benefits from the parental investment in daughter's education. Parents are thus confronted by a dilemma: which children, if any, should they educate, and for how long? 독연 15-21

05. This, in turn, helps conservationists decide which remaining habitats are most critical to set aside for wildlife reserves, and also helps zookeepers provide better care for their animals. 수능기출

06. Typically people perform heroically at a key moment, not so heroically at other moments. Students need to do accurate history, coupled with historiography, to sort out in which ways their role models are worth following. 수특20-2

07. Now decide which version of your face you like better and ask a good friend to make the choice, too. 수능기출

08. How people act appears to be largely a matter of training and of how much their animal nature is nourished or frustrated. E연계기출

09. The problem of exactly what to say, and where and when to say it, is extremely complex. 수능기출

10. You'll know why you get along with certain types of people and not with others. You'll know why certain people drive you up the wall while you find others a delight. 수특3-4

11. It seems as though the first philosophical question is the question of what constitutes the universe; that is, the question of what everything is made of. 수특20-1

12. If a hamburger shop cuts the price of its popular cheeseburger, the manager can better predict how much sales will increase than how a specific customer coming through the door will respond. E연계기출

13. However, careful historical study reveals that all knowledge is applied. Thus the question turns to communities of practice, with attention to who makes what distinction, where, and why. 수특7-4

14. But larger businesses require formal management structures to channel contacts and ensure that each employee knows what he or she is responsible for and whom they should report to. 수능기출

15. That is, children mentally chart their experiences and make note of which behaviors make them feel guilty, which make them feel good, which are rewarded, and which are not, and under what circumstances those conditions apply. E연계기출

16. Students in school are faced with the decision of whom to trust in seeking information to guide their beliefs and behaviors. 수특25-3

17. We are constantly bombarded with celebrities telling us which smart phone to use, what school to select, or which politician to support. 수능기출

개념 특강

관계사와 의문사를 구별하기

관계사와 의문사의 가장 큰 차이점은 앞에 선행사가 있느냐, 없느냐 이다.

■ 의문사 : 의문사 앞에는 선행사가 없고, 의문사의 뜻으로 해석을 해야한다.

· I wonder <u>the reason why</u> the library closed so early today. (관계부사)
　나는 도서관이 오늘 그렇게 일찍 문을 닫은 이유가 궁금하다.

· I wonder <u>why</u> the library closed so early today. (의문사)
　나는 왜 오늘 도서관이 일찍 문을 닫았는지 궁금하다.

· I wonder <u>the day when</u> the school will start the class. (관계부사)
　나는 학교가 수업을 시작할 날이 궁금하다.

· I wonder <u>when</u> the school will start the class. (의문사)
　나는 언제 학교가 수업을 시작할지 궁금하다.

■ 관계사 : 앞에 선행사가 있으며, 관계사 자체는 해석하지 않는다.

· I saw <u>the boy who</u> you were talking about. (선행사 the boy를 수식)
　나는 당신이 이야기했던 그 소년을 보았다.

· I wonder <u>who</u> broke the window. (의문사)
　나는 누가 창문을 깼는지 궁금하다.

■ what은 의문사 (무엇)와 관계대명사(~라는 것) 가 모두 가능하다.

· <u>What</u> I don`t understand is <u>what</u> caused such dispute.
　내가 이해하지 못하는 것(무엇)은 무엇이 그런 논쟁을 유발했냐라는 것이다(그런 논쟁을 유발했던 것이다) .

선행사가 없을 때는 '누구(who), 어느 것(which), 무엇(what), 어디(where), 언제(when), 왜(why), 어떻게(how) 등
의문사 본래의 뜻으로 해석된다. 반면, who, which, where, when 등이 앞에 선행사가 있을 때는 특별히 해석이
되지 않는다. 문장 안에서 의문사절은 명사절에 해당하며, [의문사 + 주어 + 동사]의 어순을 따르는 점에 주의한다.
What은 무엇, 것 모두 해석이 가능하다. 무엇으로 해석을 했다면, 의문사로 한 것이고, 것으로 했다면, 관계대명사로 한 것이다.

핵이득
SYNTAX

EBS 명문장과 수능기출명문장으로 해석에 날개를 달고 만점에 도달하자.

5-5. 동격의 that의 해석법

수능영어 고득점자들은 입체형 해석을 잘합니다!

Technology has not changed the fact that we are biological creatures ruled by our biological clocks.

직선형 해석 – 기술은 / 바꾸지 않았다. / 사실을 / 우리가 생물학적인 존재이다라는 / 우리의 생물학적인 시계에 의해 지배받는
입체형 해석 – 기술은 우리가 우리의 생물학적인 시계에 의해 지배받는 생물학적인 존재다라는 사실을 바꾸지 않았다.

앞에 추상명사가 오는 동격의 that은 뒤에 완전한 문장이 나오기 때문에 주어(we)부터 해석한 후에 끝 (biological clocks)에서 거슬러 올라와 추상명사를 수식하면 해석이 자연스럽고 이해도 빠르다. 문장의 주어인 technology를 읽고 쭉 읽으면서 we부터 해석을 들어가면 된다.

개념 완성

동격의 that

• We were excited by the fact that James is a woman.
  우리는 James 가 여자라는 사실에 의해 흥분했다

동격의 that 앞에 오는 추상 명사들

proof 증거	fact 사실	statement 언급	opinion 의견
truth 사실	news 뉴스	report 보고	idea 생각
view 관점	belief 믿음	rumor 소문	claim 주장
assurance 확신			

동격의 that은 앞에 아래와 같은 추상명사들이 보통 오고, 뒤에는 완전한 문장이 온다. 수학에서, = 이 표시와 같다고 생각하면 되고, 물론 생략도 가능하다. 생략이 되면, 추상명사뒤에 완전한 문장이 나오므로 수식하는 것처럼 해석을 한다.

01. Spending any amount of time around preschool children quickly leads one to the conclusions that most preschoolers have friends and that their friends are highly valued. ㅌ연계기출

02. Theories of all sorts promote the view that there are ways by which disagreement can be processed or managed so as to make it disappear. 독연13-3

03. The bare fact that language consists of sounds which are mutually intelligible is enough of itself to show that its meaning depends upon connection with a shared experience. 수능기출

04. People's capacity to think is limited, and so people must conserve their thinking. There is much evidence that when people's capacity for thinking is already preoccupied, they take even more shortcuts to reduce further need for thought. 수특14-2

05. The idea that the masses generally come up with good overall decisions is sometimes referred to as the "wisdom of crowds," and it really does work amazingly well for some things. 수능기출

06. People who have made creative contributions to the arts and the sciences are usually very convincing in ascribing their success primarily to the fact that they enjoyed their work. 수능기출

07. Even if you have cast-iron willpower, the mere fact that the Internet is lying in wait on your computer causes damage to your work performance. 수능기출

08. To the Hippocratic physician, the fundamental principle of his art was the concept that nature seeks to maintain a condition of stability : its forces are constantly adjusting and readjusting the normal parts of the body to preserve a balance among them. 수특6-6

09. But there is always the danger that friends, if we say or do something that hurts or annoys them, will declare, 'I'm not your friend any more.' 수특2-1

5-6. 복합관계대명사의 해석법

수능영어 고득점자들은 입체형 해석을 잘합니다!

Whoever answered the phone was very rude.

직선형 해석 – 누구라도 / 전화를 받았던 / 매우 무례했다.

입체형 해석 – 전화를 받았던 누구라도 매우 무례했다.

You can select whatever you want. (너가 원하는 무엇이라도 – 목적격의 모양일 때)

문장에 콤마가 없는 복합관계대명사절은 whoever가 아닌 동사부분을 먼저 해석한다. whoever뒤에 동사 (answered)가 있다는 것은 주격의 형태이므로, 2-1에서 학습한 대로 뒤에서 거슬러 올라오면서 해석하고 whoever 를 "누구라도" 라고 해석한다. Whoever answered the phone 전화를 받았던 누구라도

개념 완성

복합관계대명사

- <u>Whoever</u> answered the phone was very rude. (= Anyone who)

   전화를 받았던 어떤 사람도 매우 무례했다. (answered앞에 주어가 빠져있다.)

- You can say <u>whatever</u> you need. (= anything that)

   당신은 당신이 필요한 무엇도 말할 수 있다. (need 뒤에 목적어가 빠져있다.)

복합관계부사

- <u>However</u> tired you may be , you must do it.
- = <u>No matter how</u> tired you may be, you must do it.

   아무리 당신이 피곤할 지라도, 당신은 그것을 해야 한다.

복합관계형용사

- <u>Whichever</u> room you use, make sure you clean it up afterward.

   어떤 방을 당신이 사용할지라도, 당신이 그것을 나중에 깨끗이 치울 것을 명심해라.

- <u>Whatever</u> problems you are dealing with, chances are they could be genuinely viewed as a learning tool.

   무슨 문제를 당신이 처리하든, 그것들이 진정으로 학습도구로써 여겨질 수 있다.

who, which, what 뒤에 ever가 붙어있는 복합관계대명사는 선행사가 존재하지 않고, 뒤에는 불완전한 문장이 이어진다. 복합관계대명사 뒤에 어떤 문장 성분이 빠져있는지를 살피면서 해석해보자. 보통 동사먼저 해석하면 쉽게 해석이 된다.

01. The reason, I believe, is that no matter what the amateurs do, they get a result. 수특17-1

02. For example, people can say whatever they want on a survey, so you may not capture their true thoughts or behavior. 수특15-4

03. Of course, you're entitled to your opinion, but be careful to support whatever position you take, whatever statements you represent as "true," with reasonable and confident evidence. 독연8-1

04. Life is seldom as exciting as we think it ought to be. It is the other fellow's life which seems full of adventure. No matter what your profession, or how happy you may be in it, there are moments when you wish you had chosen some other career. 수능기출

05. But somehow all these words — however lively and fluent (they are) — don't give us any sense of making contact with the speaker or any sense of knowing her real feelings, attitudes or point of view. E연계기출

06. Preservationists have varied reasons for wanting to preserve nature. Some have a strong respect for all life and respect the right of all creatures to live, no matter what the social or economic costs. E연계기출

07. We are not exposed to dirt anymore, so our immune systems cannot learn how to fight infections. Since we can just pop in a car and go wherever we want without really moving, our muscles wither and cannot heat up our body, make our blood circulate, and eliminate toxins. 수능기출

08. Though making a verbal commitment, no matter how bold and how inspiring (it is), does not ensure that we reach our destination, it does enhance the likelihood of success. E연계기출

5-7. 가주어 it / 가목적어 it

수능영어 고득점자들은 입체형 해석을 잘합니다!

James made <u>it</u> clear <u>what he was explaining</u>.

입체형해석

직선형 해석 – James는 만들었다 / 그것이 명확하게 / 그가 설명하고 있는 것을
입체형 해석 – James는 그가 설명하고 있는 것을 명확하게 했다.

가주어 it을 확인한 후 진주어의 해석부터 들어간다. 접속사 that, whether은 완전한 문장이 나오기 때문에 각각
주어부터 해석이 들어가고, 의문사가 진주어일 때는 의문사해석법으로 들어간다. 가목적어 it은 뒤에 (be동사) is가
있다고 생각하고 해석하면, 훨씬 해석이 잘된다. is를 쓰게 되면, 가목적어 it은 가주어 문장의 형태로 보인다.

개념 완성

진주어를 이끄는 접속사는 한두개가 아니다.

- It is important that you keep healthy.
  당신이 건강을 유지하는 것은 중요하다. (5-1 접속사 that)

- It makes sense what you said yesterday.
  어제 당신이 말했던 것은 이치에 맞다. (5-2 관계대명사 what)

- It's unclear whether he shot himself or was murdered.
  그가 자신을 쐈는지, 살인 당했는지는 확실하지 않다. (5-3 접속사 whether)

- It doesn`t matter how much money you can spend for it.
  너가 그것에 얼마나 많은 돈을 쓸수 있냐라는 것은 중요하지 않다. (5-4 여러가지 의문사)

- It is important for you to keep healthy.
  당신이 건강을 유지하는 것은 중요하다. (to 부정사)

가목적어가 나오는 동사는 정해져 있다. (make, believe, consider, find, think)

- I <u>found it</u> (is) easy <u>that I could open the lock</u>. (is가 있다고 상상해 보세요!)
= I found <u>it</u> easy <u>to open the lock</u>.
= I found <u>it</u> easy <u>opening the lock</u>. = I found <u>opening</u> the lock easy.
  나는 자물쇠를 여는 것이 쉽다라는 것을 발견했다.   이 자리에 to open은 올 수 없다.

01. It is no wonder that many different symbols are used in various societies to represent the same thing. E연계기출

02. In sport, it has been assumed that the original form of the game is naturally attractive and therefore satisfies consumer needs. 수특23-4

03. It remains unfortunately true that public transportation often takes longer than driving a private automobile, particularly in regions where public transportation spending has not been made a government priority. E연계기출

04. In addition, a mother's own well-being may conflict with nurturing her baby. "It is instructive for women to understand that they don't need to feel guilty and ashamed about their feelings ," she said. 평가원기출

05. It is not an exaggeration to say that plug-in hybrids could help save us from oil dependence, air pollution, and a deteriorating atmosphere. E연계기출

06. It is clear to me that we are living in a period of rapid change and that during such periods we become especially prone to feelings of nostalgia and fear of change. 수능기출

07. Before students reach for the slang terms used to describe online activities, it is worthwhile to identify the formal terms that help define the language of this culture. 수특27-2

08. It is all too easy to justify to yourself why an experiment which does not fit with your expectations should be ignored, and why one which provides the results you 'hoped for' is the right one. 수능기출

09. In many situations, we will find it difficult to put ourselves in another person's shoes. E연계기출

어법 특강

수능어법문제는 항상 EBS연계지문에서 변형됩니다.

 해설강의 보러가기

01. It is definite (that / what) she will make a speech tomorrow.

02. I believe (that / what) I believe is right.

03. (That / What) dreams mean depends on who they are and how old they are.

04. Many social scientists have believed for some time (that/what) birth order directly affects both personality and achievement in adult life.

05. If you accidentally mention to a friend (that / who) you're thinking about quitting a job, that is not self-disclosure.

06. For those who made an investment, (that / what) happens during the first year is an important indicator of how successful the company will be.

07. Ann devoted a great amount of time to a hobby (what / that) became her means of living.

08. They ask her regarding her skills instead of (that / whether) she had the appropriate experience.

09. The village looks quite different from (what / that) it used to be.

010. The book (that / what) I have is new. Can you imagine how (I was excited / excited I was) when I read it?

011. The company was founded on the idea (whether / that) quality service should be provided to everyone.

012. Every parent knows how crucial (is the choice of friends / the choice of friends is) for every child.

013. The drivers were concerned about (who/ what) roads had been blocked due to the accident.

014. They need to know who e-mail senders are and (whether / that) information coming and going is correct.

015. Therefore, it is safe to conclude (that / what) people form their first impressions based mostly on (what / how) you look.

016. (Who/ Whoever) did it was not an amateur.

017. People often move their hands to emphasize (that / what) they are saying and to show the person listening to them (that / what) they are saying something important.

정답 및 해설

01. 접속사 that – 그녀가 내일 연설을 한다는 것은 명확하다. (what뒤에는 불완전한 문장이 와야 함)

02. 관계대명사 what – 나는 내가 믿는 것이 옳다고 믿는다. (what I believe가 주어역할을 함) 원래문장) I believe (that) what I believe is right. 접속사 that이 생략된 문장임.

03. 관계대명사 what – 꿈이 의미하는 것은 그들이 누구냐, 그들이 몇 살이냐에 따라 다르다. (타동사 mean 뒤에 목적어가 없는 불완전 문장이므로 what이 온다.)

04. 접속사 that – 많은 사회 과학자들은 출생순서는 직접적으로 커서 성격과 업적에 영향을 준다라고 얼마동안 믿어왔다. (타동사 believe 뒤에 접속사 that 으로 이끌려진 목적어 명사절(완전한 문장)을 확인한다.)

05. 접속사 that – 만약에 당신이 너가 직장을 그만두는 것에 대해 생각중이다라고 친구에게 우연히 말한다면, 그것은 자기 고백이 아니다. (타동사 mention 뒤에 목적어가 접속사 that으로 이끌려진 완문이 이어져 있다. 타동사 mention뒤에 to a friend라는 단어를 목적어로 생각하면 안 된다.)

06. 관계대명사 what – 투자를 했던 사람들에게 첫해 동안에 발생하는 것은 얼마나 그 회사가 성공할 것에 대한 중요한 지표이다. (접속사 that이 오려면 완전한 문장이 나와야 하는데 주어가 빠진 채 바로 happens라는 동사가 나와서 주어 명사절 what이 온다.)

07. 주격관계대명사 that – 앤은 많은 양의 시간을 그녀의 생계수단이 되었던 취미에 바쳤다. (관계대명사 what앞에는 선행사 명사가 오지 않는다.)

08. 접속사 whether – 그들은 그녀가 적절한 경험을 가지고 있는지 없는지 대신에 그녀의 기술에 관해서(regarding) 물어본다. (전치사 뒤에는 whether의 형태로 완전한 문장이 이어져야 한다. 접속사 that은 전치사 뒤에 올 수 없다. 몇 가지 예외는 있다.)

09. 관계대명사 what – 그 마을은 예전의 모습과는 매우 다르게 보인다. (look, seem, appear + 형용사 ~처럼 보인다. 전치사 뒤에는 접속사 that은 오지 않는다.)

010. 관계대명사 that, 정도의 how excited I was – 내가 가지고 있는 책은 새롭다. 당신이 내가 그 책을 읽을 때 내가 얼마나 기쁜지 상상할 수 있니? (how 뒤에 형용사 excited가 이어지면 정도의 how로 얼마나 라고 해석한다.)

011. 동격의 that – 그 회사는 질 좋은 서비스가 모든 사람에게 제공되어져야만 한다라는 생각위에 설립되었다. (형태상 whether도 올 수는 있지만 해석상 동격의 that이 맞다.)

012. the choice of friends is – 모든 부모님들은 친구들의 선택이 모든 아이들에게 얼마나 중요한지를 알고 있다. (정도의 how 의문부사 + 형용사 + 주어 + 동사 is – 의문사+주어+ 동사의 간접의문문 순서를 지켜야 함)

013. 의문 형용사 what – 그 운전자들은 교통사고 때문에 어떤 길이 막히게 되었는지에 대해 걱정했다. (what roads 어떤 길이 하나의 의문사임, 즉 의문형용사 what은 어떤 이란 뜻으로 road라는 명사를 꾸며줌, who는 의문사이건 관계대명사이건, 뒤에는 불완전 문장이 나온다.)

014. 접속사 whether – 그들은 누가 이메일을 보냈는지, 오고 가는 정보가 옳은지 그렇지 않은지를 알 필요가 있다. (중간에 있는 who는 선행사가 없으므로 의문사임, 해석상 접속사 whether이 온다.)

015. 접속사 that(목적어를 이끎) , how (상태의 how)– 그러므로 사람들은 당신의 외모 (당신이 보이는 상태 즉, 외모)에 주로 기초를 둔 채로 그들의 첫인상을 형성한다[만든다]고 결론짓는 것이 맞다. (상태는 나타낼 때는 how를 쓴다. what을 쓰고 싶을 때는 문장 뒤에 like가 들어가야 한다.)

016. 복합관계대명사 Whoever – 그것을 했던 어떤 사람도 아마추어는 아니다. (주어자리에 의문사 who도 올수 있지만, 해석이 이상하다.)

017. 관계대명사 what, 접속사 that – 사람들은 종종 그들이 말하고 있는 것을 강조하기 위해, 그리고 그들에게 경청하는 사람들에게 그들이 중요한 무엇인가를 말하고 있다는 것을 보여주기 위해 손을 움직인다. (관계대명사 what 뒤에는 불완전한 문장이 오며, 접속사 that뒤에 완전한 문장이 이어짐. show the person that 절이하로 해석해야함. 중간에 있는 listening to them은 person을 꾸미는 수식어구임.

6-1. 시간을 이끄는 접속사

수능영어 고득점자들은 입체형 해석을 잘합니다!

The average duration before the pain gets to be too much is between sixty and ninety seconds. 수특11-5

고통을 감당할 수 없게 되기 전까지의 평균지속 시간은 60초에서 90초 사이이다

시간을 나타내는 접속사 종류를 암기하는 것이 우선이다. 접속사가 이끄는 한 문장과 그리고 또 다른 한 문장이 전체 문장을 구성한다는 큰 틀을 가지고 문장을 바라본다. 부사절 문장의 위치는 앞이나, 뒤도 가능하지만, 위의 예문에서 처럼 중간에 들어가는 것도 가능하다.

시간을 이끄는 부사절 접속사

- When she met me, she gave me my letters.
  그녀가 나를 만났을 때 그녀는 나에게 나의 편지들을 주었다. (~할때)

- While she was reading her son, he read a magazine.
  그녀가 그녀의 아들에게 책을 주고 있는 동안에 그는 잡지를 읽었다. (~동안에)

- I haven`t eaten anything since I got home last night.
  나는 내가 어젯밤 집에 온 이래로 어떤 것도 먹지 못했다. (~이래로)

- She was not allowed to play until he had done his homework.
  그녀는 그가 그의 숙제를 할 때 까지 노는 것이 허락되지 않았다. (~까지)

- Every time he sings a song, he closes his eyes.
  그는 노래를 할 때마다, 그는 그의 눈을 감는다. (Whenever, each time) (~할때마다)

- As soon as a teacher came in, they stopped smoking.
  선생님이 들어 오시자마자 그들은 담배를 껐다. (= the moment, the minute, the instance) (~하자마자)

= A teacher had no sooner come in than they stopped smoking.

= No sooner had he come in than they stopped smoking.

= A teacher had hardly [scarcely] come in when[before] they stopped smoking.

= Hardly [scarcely] had a teacher come in when[before] they stopped smoking.

01. The human brain starts working the moment you are born and never stops until you stand up to speak in public. 수특6-5

02. They make up stories to explain their own actions, even when they have no clue about what is happening inside. 수능기출

03. When an underwater object is seen from outside the water, its appearance becomes distorted. This is because refraction changes the direction of the light rays that come from the object. 수특7-8

04. When modern humans migrated out of Africa, they quickly expanded to all corners of the earth, including some places where there was no whole grain bread, lean beef, or gardens full of leafy greens! 수능기출

05. It was not until the twelfth century that the new invention was introduced into Europe. E연계기출

06. When you face a decision and someone advises you to "go with your gut feeling," that person is essentially telling you to rely on your automatic system (and its intuitions) rather than trying to reason through the problem logically, as the conscious system will do. 수특13-5

07. When there are problems at home, when he suffers his own failures or disappointments, or when there's a need for somebody who's physically or emotionally "strong" for others to lean on and he feels he has to be that support, the boy is often pushed to "act like a man," to be the one who is confident and unflinching. 수특3-7

08. Yet by the time students are mature enough to take responsibility for their education, most have already internalized the inability to enjoy what they are doing. 수특25–4

09. Consequently, surveys should be conducted when the organization is not in the news or connected to a significant event that may influence public opinion. 수능기출

10. When jurors heard an attorney bring up a weakness in his own case first, jurors assigned him more honesty and were more favorable to his overall case in their final verdicts because of that perceived honesty. 수특7–2

11. What we do know is that when a math problem is presented visually, it becomes clearer, more accessible, and the brain is more capable of recalling the knowledge later on. 수능기출

12. When he returned as a teenager to the United States and watched American children playing with their plastic ready-made store-bought toys, he gained the impression that American children are less creative than Kenyan children. 수특4–3

13. Every time we approach a problem, we concentrate on assumptions that limit our ability to conceive fresh solutions. E연계기출

14. When you want to go somewhere, you will be able to summon one using your mobile phone, and it will be parked outside your house ready for you by the time you have walked out of your front door. Once it has taken you to your destination, it drives off for its next customers. 수특4–1

6-2. 원인 / 목적을 나타내는 접속사

수능영어 고득점자들은 입체형 해석을 잘합니다!

> It's important to pay attention to good nutrition since your teen will most likely prefer junk food.

십대 자녀는 아마도 정크 푸드를 선호할 것이므로 충분한 영양 공급에 관심을 갖는 것이 중요하다

이유와 목적을 나타내는 접속사 종류를 암기하는 것이 우선이다. 원인과 결과가 무엇인지 내용 연결에 의미를 부여해야 한다.

원인를 나타내는 접속사들

- You should ask him since he is the expert. (= now that, as, because, for)
  당신은 그가 전문가이기 때문에 그에게 물어봐야 한다.
- Let`s begin the lesson, now (that) we are all here, . (in that) ~라는 점에서
  우리가 모두 여기에 있으니까 수업을 시작하자.

  so 원인(형용사 / 부사) that S + V (너무~해서 그 결과, S + V 하다)

- Mars was so bright (that) even the lights of the city didn`t get in the way.
  화성은 너무나 밝아서 그 결과 도시의 불빛도 방해할 수가 없다. (원인 = bright)

  such a(n) + 형용사 + 명사 + that S + V   (너무 명사해서 그 결과 ~하다)
  = so + 형용사 + a(n) + 명사 + that S + V   (너무 형용사해서 그 결과 ~하다)

- It was such a clear day (that) we could see the far-off mountains.
- It was so clear a day (that) we could see the far-off mountains.
  정말 맑은 날 이어서 우리는 멀리 있는 산도 볼수 있었다.

목적을 나타내는 접속사

  so (that) S can V (주어가 동사하기 위해서~)

- I have been working hard so (that) my family can enjoy an convenient life.
  나는 내 가족이 편안한 삶을 즐길 수 있게 하기 위해서 열심히 일해 왔다. (목적을 나타냄)

  lest ~ (should) 동사원형 (―하지 않도록, ~하지 않기 위해) = for fear that (이때 should는 별 뜻이 없다.)

- You have to practice hard lest you should fail your driving test.
  너는 운전면허시험에 떨어지지 않기 위해 열심히 연습해야만 한다.

01. Geniuses understand the need to make space for ideas to crystallize, for creativity occurs under appropriate inner, not outer, circumstances. 수능기출

02. When speech dominates, the counselling is notably less effective, presumably because less thinking is taking place on each side: thinking and silence are symbiotically connected. 수능기출

03. Glands are so complex and are effected by so many different things that it would be very difficult to simply list what is harmful and what is beneficial to them. But, there is one main thing that is vital for all glandular functions. 수특22-3

04. At times, coaches are so focused on helping athletes improve that they take good performance efforts for granted. 수특3-3

05. Some argue that many of the accounts in school textbooks, like the standard story of Columbus's discovery of America, are so full of distortions and omissions that they are closer to myth than history. 수특 4-6

06. Many reporters dream of becoming war correspondents, for this is considered the height of professional accomplishment. 수특15-1

07. But in the actual historical situation there are so many complex and variable factors, so much of the unpredictable human element, that it is impossible to use the ordinary scientific notion of law. E연계기출

08. Have you ever been in such a hurry to get somewhere that your memory of the journey is faint? 수특 T1-4

09. You might expect that because humans are well equipped to think, they would love to think and would spend all their free time doing it. This is certainly not the case. 수특14-2

10. Since each disease has a distinctive natural course of its own, the physician must make himself so familiar with it that he can predict the sequence of events and know whether and precisely when to intervene with treatment that will help nature to do its work. 수특 6-6

11. Contemporary events differ from history in that we do not know the results they will produce. E연계기출

12. In the first minutes of its existence, the universe cooled so rapidly that it was impossible to manufacture elements heavier or more complex than hydrogen, helium, and (in minute amounts) lithium. 수특 4-8

13. From this perspective, unless the copyright law provides some flexibility, many writers could be inhibited for fear they may infringe on another work and be exposed to legal risk. E연계기출

14. Surely these people knew hardship and were often threatened by food shortages, disease, and wild animals. But ritual, of a danced and possibly ecstatic nature, was central to their lives. Perhaps only because our own lives, so much easier in many ways, are also so constrained by the imperative to work, we have to wonder why. 수특4-7

6-3. 양보 / 조건을 나타내는 접속사

수능영어 고득점자들은 입체형 해석을 잘합니다!

However, if feedback is received only once during the year, it will fall short of meeting its ultimate objective.

입체형해석

하지만 피드백이 일년에 한 번만 주어진다면, 그것은 그것의 궁극적인 목적을 충족시키는 데 미치지 못할 것이다.

양보(비록~일지라도)를 나타내는 접속사 종류를 암기하는 것이 우선이다. 접속사로 이끌리는 절보다는 주절에 의미가 강하게 강조하고 있다.

개념 완성

양보(비록~일지라도)를 이끄는 부사절 접속사

• **Though** they are expensive, people buy them.
비록 그들이 비쌀지라도 사람들은 그것들을 산다. (=although)

• **While** people will never contact the stuff, those who work with it are at risk.
사람들이 그 물질에 결코 접촉하지 않을지라도, 그것과 함께 일하는 사람들은 위험에 처해 있다.

• We will have a picnic, **even if** it rains tomorrow.

• We will have a picnic, **granting (that)** it rains tomorrow. (=granted that)
만일 내일 비가 온다할지라도 우리는 소풍을 갈 것이다.

• Most, **if not all**, of them are young.
그들은, 모두는 아니더라도, 대부분 젊다. (if ever : 그랬던 적이 있다하더라도, if any : 어떤 것일지라도)

• **However** unpleasant your job is, the job is the most precious possession.
비록 당신의 일이 불쾌할지라도, 직업은 인간의 가장 소중한 재산이다.

• **Whether** it is rainy or not, we must go out.
비가 오든지 말든지간에 우리는 나가야만 한다.

양보를 이끄는 접속사가 있는 문장은 접속사로 이끌리지 않는 문장, 즉 주절의 문장이 말하고자 하는 내용임을 명심하자.

조건을 나타내는 접속사들

• Contact me if there is a problem.
만약에 문제가 있다면 나를 만나라. (= once 일단 ~하면)

• Unless you have other plans, I want to go to the movies with you.
너가 다른 계획이 없다면, 나는 너와 영화 보러 가고 싶다.

• In case (that) I am late, don't wait to start dinner. (= in the event that)
내가 늦을 경우에 저녁식사를 시작하기 위해 기다리지 말아라.

• You can use my phone as long as you use it for 30 seconds. (= so long as)
너가 30초 동안 전화를 쓰다면, 너는 내 전화를 사용할 수 있다.

• You will get a discount providing (that) you buy two sets.
 (= provided that = supposing that)
너가 2 세트를 구매한다면, 당신은 할인을 받을 것이다.

• The result was not bad given (that) almost everyone helped each other.
거의 모든사람이 서로를 도왔다라는 것을 고려하면, 그 결과는 나쁘지 않았다.

조건의 부사절에는 미래조동사 will 이 들어갈 수 없다.
접속사로 이끌리지 않는 주절문장이 말하고자 하는 내용임을 명심하자.

01. Given sufficient intelligence, the average human can do just about anything with reasonable competence. E연계기출

02. Given all the drawbacks and disadvantages of electronic documents, why not just stick with paper? 수특6-3

03. The adhesives are so strong that unless they are removed with great care the actors' skin can be so badly affected that shooting may be held up. E연계기출

04. Although this approach is well intended, it does little to resolve human-wildlife conflicts because societal demands for natural resources are so great that only a small fraction of the environment can ever be set aside in parks. 수특3-5

05. If by buying a good consumers satisfy not only material needs but also the self-image of a conscious consumer, this makes a case for the mandatory provision of the relevant process information to consumers. 수특6-5

06. Given that the first known use of around 1,700 words or meanings is in Shakespeare and that his works have been so widely read, it's not surprising that many of the terms we use every day come from him. E연계기출

07. Had Gibson come along twenty minutes later, the picture would have already been picked up by garbage collectors. 수능기출

08. If Shakespeare hadn't chosen writing as a profession, he probably would have become one of history's greatest psychologists or philosophers. It was his keen insight into human behavior that made his writing so powerful. E연계기출

09. 'What might have happened if Japan had not bombed Pearl Harbour?' 'How do you think you could improve your relationship with your wife?' 'Why should anyone who is fit and doesn't work receive money from the state?' 'What do you think are the characteristics of a good manager?' All of these questions require the respondent to go beyond the simple recall of information and frequently there is no correct answer to a process question. 수특12-4

개념 특강

As 의 여러가지 해석법

비록 ~일지라도

- Amateur <u>as</u> he was, he succeeded.

  비록 그는 아마추어 일지라도, 성공했다.

- (As) Beautiful <u>as</u> she looks, she is not happy.

  비록 그녀는 아름답지만, 그녀는 행복하지 않다.

- (As) Carefully <u>as</u> Mark explained the matter, students don't understand it.

  Mark가 아무리 주의 깊게 그 문제를 설명할지라도, 학생들은 이해하지 못한다.

~할 때

- He worked very hard <u>as</u> he was young.

  그는 어렸을 때 아주 열심히 일했다.

~때문에

- <u>As</u> they are diligent, most of them are respected.

  그들은 부지런하기 때문에, 그들 대부분은 존경받았다.

- He told us stories <u>as</u> we went along.

  우리가 함께 걸어갈 때 그는 우리에게 이야기를 말했다.

cf. ~로서(전치사)

- <u>As</u> a businessman, your father has many Korean business partner.

  기업가로서 당신의 아버지는 많은 한국 사업파트너를 가진다.

~대로 (~처럼)

- <u>As</u> you sow, so shall you reap.

  뿌린 대로 거두리라.

- In Rome do <u>as</u> the Romans do.

  로마에서는 로마사람들처럼 행하라.

~함에 따라

- Advertisement became more important, <u>as</u> societies grew bigger.

  사회가 더 커짐에 따라, 광고가 더 중요해졌다.

개념 특강

since

~ 때문에(이유)

- <u>Since</u> she wants to go, I`d let her.
  그녀가 가고 싶어하니 그렇게 해주지.

- He must have shut the door <u>since</u> he was the last one to leave.
  그가 마지막으로 떠났으니 그가 문을 닫았을 것이다.

- <u>Now (that)</u> you are a high school student, you must study harder.
  당신은 고등학생이기 때문에 당신은 더 열심히 공부해야 한다.

- <u>Now</u> you are a big boy, you must behave better.
  당신은 다 큰 소년이기 때문에, 당신은 더 잘 행동해야 한다.

~ 이래로

- He has learned Korean <u>since</u> he came back to Korea.
  그는 한국으로 돌아온 후 줄곧 한국어를 배우고 있다.

- I have known her ever <u>since</u> she was a child.
  아이때부터 그녀를 잘 알고 있다.

- The city has changed a lot <u>since</u> I came here.
  내가 여기 온 후 줄곧 도시가 많이 변했다.

While

~ 동안에 (보통 진행형 ving 분사가 많이 나온다.)

- You shouldn`t think math <u>while</u> you are studying English.
  영어를 공부하는 중에는 수학을 생각해서는 안된다.

- Strike <u>while</u> the iron is hot.
  쇠뿔도 단김에 빼라.

비록 ~일지라도

- <u>While</u> he appreciated the honor, he could not accept the position.
  그는 명예로운 일이라고 감사하였으나 그는 그 지위를 받을 수는 없었다.

여러가지 접속사 SYNTAX

01. As teens go through the process of individuating, they push up against and even test the rigidity of parental and societal boundaries. As parents, you are responsible for establishing boundaries for your children 독연14-3

02. In order to successfully release himself from the control of parents, a child must be secure in his parents' power, as represented by their loving authority. 수능기출

03. Understand that the world is not necessarily as you perceive it. E연계기출

04. Genocide, the willful killing of specific groups of people — as occurred in the Nazi extermination camps during World War II — is universally considered wrong even if it is sanctioned by a government or an entire society. 독연13-18

05. As scientific understanding has grown, so our world has become dehumanized. Man feels himself isolated in the universe, because he is no longer involved in nature and has lost his emotional "unconscious identity" with natural phenomena. E연계기출

06. As with fruit, experiences are time-sensitive, and they diminish in importance as time passes. E연계기출

07. The idea that someone could ruin a novel by revealing its ending is like saying you could ruin the Mona Lisa by revealing that it's a picture of a woman with a center part. E연계기출

08. Ecosystems are generally very efficient in cycling matter, in that most matter is cycled over and over within the ecosystem itself. 수특T1-21

09. When musicians record, their invisibility to listeners removes an important channel of communication, for performers express themselves not only through the sound of their voices or instruments but with their faces and bodies. In concert, these gestures color the audience's understanding of the music. 평가원기출

개념 특강

시간을 나타내는 전치사

① <u>In meeting</u> me, she gave me my letters. (In ing ~할 때, 같은 의미 접속사 when)
② She is running <u>with her dog following her.</u> (with ~하면서, 같은 의미 접속사 As)
③ It would be best to avoid talking on the phone <u>during</u> studying hours. (during 동안에, 같은 의미 접속사 while)
④ I haven't eaten anything <u>since</u> last night. (Since ~한 이래로, 같은 의미 접속사 since)
⑤ They left the theater <u>after</u> her encore. (after ~한 이후, 같은 의미 접속사 after)
⑥ She will wait for you <u>until</u> 5 o'clock. (until ~할 때까지, 같은 의미 접속사 until)
⑦ They lit the candles <u>before</u> turning out the lights. (before ~한 이전, 같은 의미 접속사 before)
⑧ They stopped smoking <u>on a teacher's coming</u> in. (on ing~하자마자, 같은 의미 접속사 as soon as)
⑨ <u>Upon recognizing</u> the notice, I called the police. (upon ing~하자마자, 같은 의미 접속사 as soon as)
⑩ We camped there <u>through</u> the summer (through 줄곧, 내내, 같은 의미 접속사 whenever)

① 그녀가 나를 만났을 때 그녀는 나에게 나의 편지들을 주었다.
② 그녀의 강아지가 그녀를 따라가면서, 그녀는 뛰는 중이다.
③ 공부시간동안에 전화통화를 피하는 것은 최고일 것이다. 너는 30초 동안 그것을 사용할 수 있다.
④ 나는 어젯밤부터 어떤 것도 먹지 못했다.
⑤ 그들은 그녀의 앵콜 이후에 극장을 떠났다.
⑥ 그녀는 5시 까지 너를 기다릴 것이다.
⑦ 그들은 불을 끄기 전에 촛불을 켰다.
⑧ 그들은 선생님이 들어 오시자마자 담배를 껐다.
⑨ 내가 그 통지서를 알아보자마자, 나는 경찰에게 전화했다.
⑩ 우리는 여름 내내 거기에서 야영했다.

조건을 나타내는 전치사

① <u>In case of</u> you arriving late, we have another speaker. (in case of ~의 경우에, 같은 의미 접속사 in case)
② <u>In the event of</u> not my seeing you, you must call me. (in the event of ~의 경우에, 같은 의미 접속사 in the event)
③ <u>Without</u> gravity, an apple would not fall to the ground. (without, 같은 의미의 접속사 Unless)
　= <u>But for</u> gravity, an apple would not fall to the ground. (But for ~가 없다면, 같은 의미의 접속사 Unless)
　= <u>If it were not for</u> gravity, an apple would not fall to the ground.
　= <u>Were it not for</u> gravity, an apple would not fall to the ground.

① 당신이 늦게 도착할 경우를 대비해, 우리는 또 다른 연설자가 있다.
② 내가 당신을 못 볼 경우에, 너는 나에게 전화를 해야만 한다.
③ 중력 없이 사과는 땅으로 떨어지지 않을 것이다.

원인을 나타내는 전치사

① You should ask him <u>because of</u> his expertise. (because of ~때문에, 같은 의미 접속사 Because, Since, As, For)
② <u>Owing to</u> the snow, we could not leave. (owing to ~때문에)
③ <u>Thanks to</u> you, I could overcome the hard situation. (thanks to ~덕분에)
④ We came <u>on account of</u> your sick mother. (on account of ~때문에)

① 당신은 그의 전문성 때문에 그에게 물어봐야 한다.
② 눈 때문에 우리를 떠날수가 없었다.
③ 너 덕분에 나는 어려운 상황을 극복할 수 있었다.
④ 우리는 너의 편찮으신 어머니 때문에 왔다.

양보를 나타내는 전치사

① <u>Despite</u> seemingly equal levels of intelligence and education, some people succeed
(despite, in spite of ~에도 불구하고, 같은 의미 접속사 though, although, even though, even if)

② If you hear the piano from next door, you may feel irritated <u>regardless of</u> its volume. (regardless of ~에도 불구하고)

① 겉으로 보기에는 같은 지적 교육수준일지라도 몇몇 사람들이 성공을 한다.
② 만약 당신이 이웃에서 오는 피아노 소리를 듣는다면, 그것의 음량에 상관없이 너는 짜증을 느낄 것이다.

접속사 VS 전치사 총정리

접속사는 뒤에 완전한 문장이 나오지만, 전치사는 뒤에 명사가 나오고 그 뒤에 수식이 이어질 수 있다.
가령, since는 접속사와 전치사에 양쪽 모두 적혀있다. 그것은 둘 다 가능하다는 것을 의미한다.

	접속사 (접속사가 1개 있다면, 두 문장이 있다.)	전치사 (명사가 이어지고, 한 문장이 나온다.)
시간	when ~할 때	in ing~할 때
	while ~ 하는 동안	for + 숫자, during + 명사 ~동안 through 내내
	as soon as , the moment no sooner ...than hardly~ when(before) the minute ~ 하자마자	on(upon) ing~하자마자
	since ~한 이래로	since ~이래로
	after ~후에, before ~전에	after ~후에, prior to/ before ~전에
	until , till ~할 때 까지	by, until, till ~까지
	by the time ~할 때 즈음에	
	just as 막~할 때	
	whenever, every time, each time, ~할 때마다 the next time ~하는 다음번에, the first time ~하는 첫 번째에,	over/ through(out) ~동안 ~내내 from ~로 부터
조 건	If ~라면, unless ~아니라면, in case~ 경우, once 일단~하면	in case of ~의 경우에 without ~가 없다면 but for ~ 가 없다면
양 보	though, although, even if, even though while (반면에 = whereas), Poor as I am, ~ - 내가 가난한지라도, if, however 비록~일지라도, whether A or B - A이든 B이든지 간에	despite, in spite of 비록 ~일지라도 with all ~ 불구하고 regardless of ~에 상관없이
이 유	because, since, as, now that, for ~때문에	because of, due to, owing to, thanks to on account of ~때문에
제 외	except that, but that ~을 제외하면 except as	except for, excepting, aside from, apart from, but for ~을 제외하면
비 유	just as, as if, as though 마치 ~처럼	like ~처럼, unlike ~와 다르게, such as ~처럼

어법 특강

수능어법문제는 항상 EBS연계지문에서 변형됩니다.

해설강의
보러가기

01. We would appreciate some guidance, (since / because of) things will soon become too difficult to stand.

02. (Despite / Although) his opportunities are open, he'd like to stay with the small academy.

03. (Though / unless) she tried hard to pull the fish towards her, she was pulled deeper into the river.

04. He can't believe your comment (until / while) you provide your assignment.

05. (Even though / in spite of) the classroom is always crowded, students still wait in line to be able to participate in his class.

06. Yet with all these qualifications, Computers remain among the most amazing of human achievements, (for / if) they enhance our intelligence.

07. The class will be open to the students by March (so / if) the book is completed before the second week of January.

08. (Although / Despite) the director retired last week, nobody has taken his place.

09. Right after his brother took his hands off the bike, (though / although), he could not balance himself and fell.

010. Total profit rose by 20% (during / while) Mr. You acted as president of the company.

011. Nobody will be permitted inside this building (unless when / unless) anyone is accompanied by a security guard.

012. This remained in my mind (because / because of) it strengthened my belief that children were changing.

013. We must show every young person, (however / how) deprived his background may be, that he has a genuine opportunity to fulfill himself and play a constructive role in our society.

014. They should concentrate on the exercise instead of (how / what) they look like.

015. (As soon as Jason / No sooner had Jason) washed the car than it began to rain.

정답 및 해설

01. since – 우리는 일들이 너무 곤란해서 참을 수 없게 되었기 때문에 우리는 몇몇 조치에 감사할 것이다. (뒤에 문장이 이어지기 때문에 전치사가 아니라 접속사가 와야 한다.)

02. although – 그의 기회들이 공개되어 있을지라도, 그는 작은 회사에 머물기를 좋아한다. (뒤에 문장이 이어지기 때문에 전치사가 아니라 접속사가 와야 한다.)

03. though – 그녀가 그녀로 향해서 물고기를 세게 당겼을지라도 그녀가 강안으로 깊이 당겨졌다. (해석상 though가 온다.)

04. until – 당신이 당신의 숙제를 제출할 때 까지는 그는 당신의 말을 믿을 수 없다. (해석상 until이 와야 한다.)

05. even though – 교실이 항상 붐비게 될지라도, 학생들은 여전히 그의 수업에 참석할 수 있기 위해 줄서서 기다리고 있다. (뒤에 문장이 이어지기 때문에 전치사가 아니라 접속사가 와야 한다.)

06. for – 그러나 모든 이러한 능력과 함께 컴퓨터는 그들이 우리의 지적능력을 강화시켜주기 때문에 인간의 가장 놀라운 업적들 사이에 남아있다. (뒤에 문장이 이어지기 때문에 전치사가 아니라 접속사가 와야 한다.)

07. if – 만약에 책이 1월 2째주 전까지 완성이 된다면 그 수업은 3월까지 학생들에게 열여 있을 것이다. (해석상 until이 와야 한다.)

08. although – 비록 감독이 지난주에 퇴직했을 지라도, 어떤 누구도 그의 자리를 대신하지 않았다. (뒤에 문장이 이어지기 때문에 전치사가 아니라 접속사가 와야 한다.)

09. though (그러나) – 그러나, 그의 형이 그의 손을 자전거에서 놓은 바로 직후 그는 그의 균형을 잡을 수가 없었고 넘어졌다. (though가 문장 끝이나 중간에 있으면, 접속사가 아닌 "그러나"의 의미로도 쓰인다.)

010. while – Mr.You씨가 회사의 사장으로서 활동했던 동안에 전체 이득이 20% 상승했다. (뒤에 문장이 이어지기 때문에 전치사가 아니라 접속사가 와야 한다.)

011. unless – 안전요원과 동행되지 않는 경우에는 어떤 사람도 이 건물 안으로 허락되지 않을 것이다. (접속사가 2개 연결되어 있으니, 하나만 있어야 한다.)

012. because – 그것이 아이들이 변하고 있다는 나의 믿음을 강화 시켰기 때문에 이것은 나의 맘속에 남아있었다. (뒤에 문장이 이어지기 때문에 전치사가 아니라 접속사가 와야 한다.)

013. however – 우리는 비록 그의 배경이 박탈당했을지라도 모든 젊은이에게 그는 그 자신을 수행하고 우리사회에서 건설적인 역할을 할 기회를 가지고 있다는 것을 보여줘야만 한다. (how는 문장의 필수성분 명사자리에만 들어간다. 13번 문장은 두개의 콤마사이에 들어가 있는 부분으로 부사절에 해당하는 부분이므로, no matter how 의 however 비록~일지라도의 양보절 접속사가 옳다.)

014. what – 그들은 그들의 외모 대신에 운동에 집중해야만 한다. (상태를 나타내는 how를 what으로 바꾸려면, 문장 끝에 like, 즉 무엇과 같은지라는 표현으로 들어가야 한다.)

015. no sooner had Jason – 차를 세차하자마자, 비가 오기 시작했다. (~하자마자의 as soon as는 과거형 동사를 쓰지만, no sooner ~than 은 대과거와 과거시제를 쓴다. no sooner가 앞으로 오면서, 주어와 조동사 had가 도치가 된다.)

7-1. 현재분사 vs 과거분사

수능영어 고득점자들은 입체형 해석을 잘합니다!

He typed L and got the sign <u>confirming</u> that the letter had been received.

직선형 해석 – 그는 L자를 타자 쳤다. / 그리고 신호를 받았다 / 그 문자가 받아졌다고 확인하는
입체형 해석 – 그는 L자를 타자 치고, 그 문자가 받아졌다고 확인하는 신호를 받았다.

분사는 Ving 형태의 현재분사와 p.p형태의 과거분사 두 가지가 있다. 분사는 동사가 형용사로 변형된 것이고,
그렇기 때문에 명사를 수식하는 기능을 한다. 명사 앞이나 뒤에서 수식을 할 수 있다. 특히 과거분사는 수동을
의미하기 때문에 목적어가 뒤에 없다는 측면에서 과거형 Ved형과 구별을 할 수 있다.

개념 완성

현재분사

동사에 ing를 이어서 쓰고, 명사 앞이나 뒤에서 명사를 수식한다. 명사와의 관계가 능동이고, 진행을 뜻한다.

- Look at the <u>crying</u> boy. The tree <u>surrounding</u> my house is full of flowers.
  울고 있는 소년을 봐라   내 집을 둘러싸고 있는 나무는 꽃들로 가득차 있다.

주어와의 관계에서 능동이면 주격보어로 쓰이며, 목적어와의 관계에서 능동이면 목적격보어에 쓰인다.

- The boy came <u>crying</u> into the classroom.
  그 소년은 교실안으로 울면서 왔다.

- James found her <u>lying</u> on the ground. (목적격 보어)
  James는 그녀가 땅에 누워있는 것을 발견했다.

과거분사

동사의 과거분사를 쓰고, 명사 앞이나 뒤에서 명사를 수식한다. 명사와의 관계가 수동일때 과거분사를 사용한다.

- Look at the <u>pressed</u> car. My house <u>surrounded</u> by the trees keeps cool
  저 눌려진 차를 봐라   나무에 의해서 둘러싸인 내 집은 시원함을 유지했다.

주어와의 관계가 수동이면 주격보어로 쓰이며, 목적어와의 관계에서 수동이면, 목적격보어에 쓰인다.

- I was <u>surprised</u> at the news We looked <u>exhausted</u>. (주격보어)
  나는 그 뉴스에 놀라게 되었다.   우리는 녹초가 된 것처럼 보였다.

- He made us very <u>confused</u>. (목적격 보어)
  그는 우리를 매우 혼돈되게 만들었다.

01. The handsome guy surrounded by many students is Hyun-kook.

02. A suitable insurance policy should provide coverage for medical expenses arising from illness or accident prior to or during their vacation, loss of vacation money, and cancellation of the holiday. 수능기출

03. The bacteria used to make Swiss cheese are not harmful to people. E연계기출

04. The temporal density of remotely sensed imagery is large, impressive, and growing. Satellites are collecting a great deal of imagery as you read this sentence. 수능기출

05. Some people feel rewarded if they make more money. Others consider increased leisure time a more desirable reward. 수능기출

06. In a natural night sky, someone looking at the heavens with the unaided eye should be able to see nearly 3,500 stars and planets and the glow from the Milky Way, our home galaxy. 수능기출

07. A park wanting to host a fireworks display may contract with another company to be responsible for the show. 중략 One method of transferring the risk to the fans is the inclusion of a statement on the back of the event ticket saying that the promoter is not responsible for any harm to the ticket holder. 수능기출

08. If students cannot imagine themselves engaged by the fantasy world described to them, then the game cannot get off the ground. 수특7-7

09. Thailand medical service has been ranked as one of the best in the world. Advanced high technology and the most updated equipment are already installed. Qualified and experienced physicians are capable of providing excellent service and treatment. 수능기출

10. As happens to many people who read the English poetry, he understood for the first time the full meaning of words read often before but passed by unnoticed. 수능기출

11. In the case of foods and beverages, variety seeking can occur due to a phenomenon known as sensory-specific satiety. Put simply, this means the pleasantness of a food item just eaten drops while the pleasantness of uneaten foods remains unchanged. 수특11-5

12. Help your teen eat well. Balanced mini-meals eaten regularly throughout the day - rather than heavy meals far apart—can help lower stress. 수특2-3

13. The hall was filled with noise: there were hundreds of people crowding the floor with more looking down from above. Men and women were crossing the floor, talking, watching, dancing, standing, spread out across the vast room. 수특5-2

14. Trains operate on an approximately half-hourly basis every weekday, with more frequent service provided during commute hours and less frequent service at night and on weekends and holidays. 수능기출

개념 특강

with + 목적어 + 분사

with + 목적어 + 현재분사, 과거분사, 형용사(구), 부사, 전명구 (전치사 + 명사) 등은 분사구문의 또 다른 표현으로 어떤 동작의 생생한 묘사적 상황을 나타낸다. 해석은 주로 「~한 채, ~하면서, ~되면서」 등으로 적절히 하면 된다.

with + 목적어 + 현재분사 (Ving)

· It was a windy evening, <u>with</u> the wind <u>blowing</u> the house.
  바람이 집을 날려버리는 어느 바람이 부는 저녁이었다.

· <u>With</u> the depression <u>becoming</u> serious to some people, we hear the shocking news.
  우울증이 몇몇 사람에게 심각해지면서, 우리는 충격적인 뉴스를 듣는다.

· <u>With</u> car technology <u>progressing</u> faster than ever before, engineer learning is becoming popular.
  자동차 기술이 이전보다 발달하면서 기술교육은 인기 있게 되고 있다.

with + 목적어 + 기타 (형용사, 부사, 전명구)

· He sang loudly, <u>with</u> door (being) <u>open</u>.
  그는 문을 열어 놓은 채로 큰 소리로 노래했다.

· He began to read the newspaper <u>with</u> his glasses (being) <u>on</u>.
  그는 안경을 낀 채, 신문을 읽기를 시작했다.

· We should not talk <u>with</u> food (being) <u>in your mouth</u>.
  우리는 음식이 입 안에 있는 채로 이야기 해서는 안된다.

with + 목적어 + 과거분사 (p.p)

· He stood there, <u>with</u> his eyes <u>closed</u>.
  그는 눈을 감은 채 거기에 서 있었다.

· He stood alone, <u>with</u> his right leg <u>lifted</u>.
  그는 왼쪽 다리가 들려진 채로 혼자 서 있었다.

· We were shocked, <u>with</u> the news <u>heard</u>.
  뉴스가 들려지면서, 우리는 충격을 먹었다.

7-2. 분사구문 해석법 (1)

수능영어 고득점자들은 입체형 해석을 잘합니다!

Meeting Alice, James gave her his letters.

직선형 해석 – Alice를 만난, James는 그녀에게 그의 편지를 주었다.
입체형 해석 – James가 Alice를 만나면서, 우리는 그녀에게 그의 편지를 주었다.

현재분사 meeting 를 보고, 콤마를 확인한 후 분사구문인 것을 확인한 후 콤마 뒤에 있는 주어 James를 meeting 앞에 써 본다. 뒤에 동사 gave가 과거형을 확인했다면, James meeting Alice의 원래 문장은 James met Alice 였음을 알 수 있다. 두 문장의 연결은 동시동작으로 해본다. 콤마 없는 분사구문도 있다.

문장 앞쪽에 오는 분사구문

분사구문은 시간, 이유, 조건, 양보, 그리고 부대상황을 나타낸다.

분사구문 만드는 방법 – 1. 접속사 생략 2. 같은 주어 생략 3. 동사를 Ving분사로 바꾼다.

- <u>Approaching</u> his house, I at first thought that the house was on fire
- = When I approached his house, I at first thought that the house was on fire.

  내가 그의 집에 접근했을 때 나는 처음에는 그 집이 불타고 있다고 생각했다.

- <u>Admitting</u> what you say, I still think you are wrong.
- = Although I admit what you say, I still think you are in the wrong.

  비록 나는 당신이 말하는 것을 인정할지라도, 나는 여전히 당신이 틀렸다고 생각합니다.

- <u>Turning</u> to the right, you can find the bus stop.
- = If you turn to the right, you can find the bus stop.

  만약에 당신이 오른쪽으로 돌면, 당신은 버스정거장을 발견할 수 있습니다.

- <u>Not ignoring</u> his advice, I saved my time. (분사구문의 부정은 –ing 앞에 not을 쓰면 된다.)
- = Because I didn`t ignore his advice, I saved my time.

  나는 그의 충고를 무시하지 않았기 때문에 나는 시간을 절약했다.

- (Being) Poor, James always smiles.
- = Though he is poor, James always smiles.

  james는 비록 가난하지만, 항상 웃는다.

01. Having no imagination and being stupid, animals often behave far more sensibly than men. 수능기출

02. Being careful not to be noticed, he let his eyes trace the figure of her face. 수능기출

03. Looking into the mirror, he realized that he was sweating in the cold air-conditioned room.
E연계기출

04. Afraid of leaving out something important, many students underline too much on textbook. 수능기출

05. Looking back on the past, he has no choice but to ask himself how his life has been. On the other hand, looking ahead into future, he feels optimistic at the thought of being able to overcome the problems of English himself. 수능기출

06. Not being consumables like popcorn, experiences are intangible, with ever-changing content. E연계기출

7-3. 분사구문 해석법 (2)

수능영어 고득점자들은 입체형 해석을 잘합니다!

James, meeting Alice, gave her his letters.

Alice를 만난 James는 그녀에게 그의 편지를 주었다.

= Meeting Alice, James gave her his letters.

입체형해석

앞서 나왔던 문장과의 차이는 주어인 James가 앞으로 빠졌다는 것이다. 분사구문이 중간에 위치했을 때에는 후치수식으로 해석한다. 현재분사로 보자.

개념 완성

문장 중간에 오는 분사구문

분사구문이 문장 가운데에 오는 경우 주로 주어 뒤에 오며 삽입구가 된다.
이 때는 앞에 나와 있는 명사를 수식하여 해석한다.

- The yellow bus, <u>turning</u> to the right, was able to manage to stop.
  우회전을 하는 노란 버스는 가까스로 멈출 수 있었다.

- Some novels, <u>being read</u> carelessly, will do harm.
  부주의하게 읽혀지는 몇몇 소설들은 해를 끼칠 것이다.

- This mass culture, <u>affected</u> by the active use of the internet, is making the world different.
  인터넷의 적극적인 사용에 의해 영향 받은 이런 대중 문화가 세상을 다르게 만들고 있다.

- Many people, <u>trying</u> to reach the goal in a hurry, have not realized their own advantages.
  서둘러 목표에 도달하려 애쓰는 많은 사람들은 자신의 장점을 깨닫지 못한다.

01. A biological imbalance involving two chemicals in the brain most likely contributes to depression. E연계기출

02. UCC, also known as Consumer Media, refers to various kinds of media contents that are produced by end-users. E연계기출

03. The early volunteers, never minding that few appreciated what they were doing for society, devoted themselves to hours of unpaid work for the poor and helpless. 수능기출

04. Passengers told that there will be a half-hour delay are less unhappy than those left waiting even twenty minutes without an explanation. 수능기출

05. In war and peace, battles and celebrations, Philip was extraordinarily energetic and exhibited a unique personality. These qualities, coupled with his intelligence and courage, and his succession of unparalleled victories on the battlefield, made him a folk hero among Macedonians. 수특8-4

7-4. 분사구문 해석법 (3)

수능영어 고득점자들은 입체형 해석을 잘합니다!

> The night before taking an examination I had never experienced before, I was really scared, asking myself why I had ever agreed to do so.

입체형해석

내가 이전에 경험했던 적이 없는 시험 치기 전날 밤, 나는 내 자신에게 왜 내가 그렇게 하는 것에 동의했는지를 물어보면서 진짜 무서웠다.

문장 뒤쪽에 나오는 Ving 분사구문은 동시동작, 연속동작, 후치수식, 앞문장주어로 하는 Ving 등 여러가지로 해석이 된다. 여러가지 의미 중에서 가장 자연스러운 것으로 선택으로 하고, 가장 많이 나오는 동시동작으로 해석을 해서 어색하지 않으면, 넘어가지만, 어색하다면, 아래 번호의 순서로 해석을 하면서, 자연스런 의미를 찾아본다.

개념 완성

문장 뒤쪽에 오는 분사구문

문장 뒤에 있는 ing는 동시동작 〉연속동작 〉후치수식〉앞문장인 주어인 ing 순서로 많이 나온다.

1. 동시동작 (~하면서)

- I at first thought that the house was on fire, <u>approaching</u> his house.
= I at first thought that the house was on fire when I approached his house.

  나는 처음에는 그 집이 불타고 있다고 생각했다. 내가 그의 집에 접근하면서

2. 연속동작 (그리고 ~하다)

- Flight 003 takes off at 9 ,<u>arriving</u> in Chicago at 11.
= Flight 003 takes off at 9 and arrives in Chicago at 11.

  003편 비행기는 9시에 이륙한다. 그리고, 11시에 시카고에 도착한다.

3. 후치수식 (콤마없는 분사구문도 있다.)

- He went to the doctor <u>complaining</u> of difficulty in breathing.

  그는 호흡곤란에 대해 불평하는 의사에게 갔다.

4. 앞 문장 전체를 받은 ,which가 문장끝에서 분사구문으로 바뀐 경우

- Many landowners abandoned their farms, <u>causing</u> food production to fall.
= Many landowners abandoned their farms, which caused food production to fall.

  많은 지주들이 그들의 농장을 포기했고, 그것(앞문장)은 식량 생산을 감소시켰다.

01. The weather conditions for the start of this year have been quite mild, but the risk of fire has still been extreme, making it critical that all students and staff know what to do. 수특1-1

02. The night before taking an examination I had never experienced before, I was really scared, asking myself why I had ever agreed to do so. E연계기출

03. In new relationships, people often disclose themselves slowly, sharing only a few details at first, and offering more personal information only if they like and trust each other. 독연14-5

04. Because the population growth of the suburbs is expected to continue, the number of suburban dailies and weeklies will increase to meet the demand for local news, creating jobs for less experienced reporters or those who prefer working for a smaller paper. 수특2-4

05. When we plant a rose seed in the earth, we notice that it is small, but we do not criticize it as "rootless and stemless." We treat it as a seed, giving it the water and nourishment required of a seed. 수특11-8

06. According to an ancient Greek myth, Narcissus was a young man so beautiful that he fell in love with his own reflection when he knelt down to take a drink of water, and then died by the water' edge, heartbroken that he could not embrace his beloved. 수능기출

07. One can read together with others remotely, commenting between the virtual lines and in the margins, reading each other's comments instantaneously, composing documents together in real time by adding words or sentences to those just composed by one's collaborators. 수특2-6

08. For many years, doctors gave patients antibiotics for bacterial infections which their own bodies would have been able to deal with relatively easily, creating more opportunities for the development of resistant strains. 수능기출

09. People do their best to cut themselves off from the free flow of ideas, technologies and habits, limiting the impact of cultural exchange. E연계기출

10. This, in turn, increases the demand for cars. Increased demand for cars tends to increase competition among car-makers and drive down prices, leading to still more cars on the road. E연계기출

11. Being able to look at situations using different frames is critically important when tackling all types of challenges. E연계기출

12. An example of this was when several domestic airlines encouraged passengers to check in via the Internet, thereby reducing the number of passengers who wanted to check in at the airport. E연계기출

7-5. 분사구문의 수동태와 시제

수능영어 고득점자들은 입체형 해석을 잘합니다!

Ignored by children, James went home.

직선형 해석 – 아이들에 의해 무시를 당한 James는 집에 갔다.
입체형 해석 – James는 어린이들에 의해 무시를 당하면서 James는 집에 갔다.

수동의 분사구문형태에서는 Being ignored라고 생각을 하고, Being앞에 주어인 James를 써본다. James being ignored를 James was ignored라고 읽으면, 해석이 훨씬 잘 된다. 분사구문 having pp(능동), having been pp(수동)는 주절의 시제(was)와 시제가 다름을 의미한다. having been pp에서 having been은 생략이 가능하다.

Being이 생략된 분사구문

생략된 Being을 문장 앞에 쓴 후, being앞쪽에다가, 콤마 뒤에 있는 주어를 가져다 놓고, 해석한다.
Being이 생략되면, 문장이 어색하게 보여서 해석이 전혀 감이 안잡힐 수 있다. 생략된 being을 써보자.

• (Being) <u>Absorbed</u> in their own thoughts, People do not see the motions of someone.

= <u>When they are Absorbed</u> in their own thoughts, People do not see the motions of someone.

　　　사람들은 그들의 생각에 몰입되었을 때, 어떤 사람의 동작을 보지 못한다.

• (Being) <u>Tired</u>, he went on work.

= Though <u>he was tired</u>, he went on work.

　　　그는 피곤했지만, 일을 계속했다.

• (Being) A rich man, he is not happy.

= Althogh <u>he is a rich man</u>, he is not happy.

　　　그가 부유하지만, 그는 행복하지 않다.

분사구문의 시제

대부분의 분사구문은 Ving 형태로 바뀌지만, 만약 having pp의 모양으로 바뀌어 있다면, 그것은 시제가 주절의 시제보다 더 앞선 대과거나 과거시제임을 의미한다. 아래 Having completed 앞에 주어 she를 써본다. She having completed. 뒷 문장 went가 과거형이기 때문에 Having completed의 원래 문장은 She had completed 였음을 알 수 있다.

• <u>Having completed</u> her assignment, she went to bed.

= After <u>she had completed</u> her assignment, she went to bed.

　　　그녀는 그녀의 과제를 완성한 후에 잠자리에 들었다

01. (Having been) weakened by successive storms, the ship was no longer safe. E연계기출

02. Told of the traveler's dilemma, Rhodes had at once returned to his room and put on an old suit. E연계기출

03. Having had no previous contact with the other species, the newly accessed species may be exposed to a disease for which it has not yet developed immunity. 수능기출

04. Used to TV shows where everything is quick and entertaining, they do not have the patience to read an article without pictures; to read a book that requires thinking; or to listen to a teacher who doesn't do funny things like the people on children's programs. E연계기출

05. In college, I often ordered a tuna sandwich. Inevitably, the waitress would return with not one but a pair of sandwiches, having heard my order as "tu(two)-tuna sandwiches." 수능기출

06. To avoid the same trap, China has a delicate transition : Having grown through exports, investment, and manufacturing, it must now rely more on services and consumers, which are less easily steered by government policy. E연계기출

07. Having studied English over the past few years, I was throwing away my English dictionaries that were too old to use. E연계기출

08. Wrapped up in the idea of embracing failure is the related notion of breaking things to make them better — particularly complex things. 수특7-6 분사구문일까?

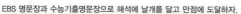

7-6. 분사구문의 의미상의 주어

수능영어 고득점자들은 입체형 해석을 잘합니다!

The car (being) ready, she asked the guests to get on it.

차량이 준비되었을 때, 그녀는 손님들이 차에 타도록 요구했다.

만약 Being ready로 문장이 시작되었다면, 앞에 she를 쓰고 문장을 바라보지만, being앞에는 이미 the car라는 명사가 있다. 두 문장의 주어가 다르기 때문에 the car가 남아 있는 것이다. The car was ready로 바라보자. 분사구문 앞에 있는 명사는 의미상의 주어가 된다.

개념 완성

주어가 다른 분사구문

주어가 다르면 위의 예문처럼 주어가 지워지지 않는다. 위의 Alice sick을 Alice was sick이라는 문장으로 볼 줄 알아야 한다.

- <u>Sick</u>, James called the doctor.
= Because <u>James</u> was sick, <u>James</u> called the doctor.

   James는 아파서 그는 의사에게 전화를 했다.

- <u>Alice sick</u>, James called her.
= Because <u>Alice</u> was sick, <u>James</u> called the doctor.

   Alice가 아파서 James는 의사에게 전화를 했다.

Becasue 부사절의 위치가 앞, 뒤, 중간 모두 가능하기 때문에 아래와 같은 문장도 나올 수 있다.

- James called the doctor, <u>Alice sick</u>.
= James called the doctor, because Alice was sick.

   Alice가 아파서 James는 의사에게 전화를 했다.

- James, <u>Alice sick</u> ,called the doctor.
= James , because Alice was sick, called the doctor.

   Alice가 아파서 James는 의사에게 전화를 했다.

01. Winter approaching, the ski camp was open for 2 months. E연계기출

02. All other things being equal, journalists prefer to tell stories about conflict. News is first and foremost about conflict and disorder. 수특15-1

03. During the two major vacations, people also go camping mainly for leisure, the percentage peaking at Summer vacation. 수능기출

04. Longer and more attractive textbooks cost more money to produce, resulting in higher selling prices to students. E연계기출

05. Ninety percent of future population increase will be in developing countries, the areas least able to cope with the resource demands of additional numbers. E연계기출

06. Self-driving vehicles may be used to collect children from school, take elderly people to shops, and carry out all the usual, everyday journeys, all at a small percentage of the cost of what you would expect to pay to own a car. 수특4-1

07. "Hey," Jonathan said, his voice causing two small birds to take flight. The woman did not acknowledge him at all but continued to sketch. Frowning, he said a little louder," Hey, lady." 수능기출

08. Several species of Homo belonged in the genus hominid, all of them living in Africa between 2.5 and 1.8 million years ago. 독연6-7

09. The negotiation requires the mutual agreement of two or more persons or parties, one of them ordinarily making an offer and another accepting. 수능기출

10. And if the novel was written about some distant historic event, we support the text with knowledge we have of those times, much of it obtained from our previous imaginative journeys through fictional landscapes. 수능기출

7-7. 분사구문의 강조란 무엇일까?

수능영어 고득점자들은 입체형 해석을 잘합니다!

Though judged by many to be a pastime for students, Coffee can benefit people of all ages.

입체형해석

커피는 많은 이들에 의해서 아이들이나 노인들을 위한 기분전환으로 생각되지만, 커피는 모든 연령대의 사람들에게 유익할 수 있다.

입체형 해석 – Though coffee is judged by many to be a pastime for students, ~

접속사 though뒤에 완전한 문장이 와야 하지만, 주어와 동사가 빠진 채 judged (pp)만 있다. 이럴 때는 주어 + be 동사가 생략된 것이다. Though (coffee is) judged라고 보면 문장 해석이 편하다.

개념 완성

분사구문의 강조

부사절 (시간, 조건, 양보) 에서는 주어와 be 동사가 생략될 수 있다.

부사절 (시간, 조건, 양보) 에서 주어가 주절의 주어와 같을 때 주어+be동사만 생략할 수 있다.
접속사들은 생략되지 않아서, 주어진 접속사의 뜻으로 해석을 한다.
(ex : if, when, though, after, unless)

- They were best friends when at school.
= They were best friends when (they were) at school.

    그들은 학교에 있을 때 베스트 친구였다.

- Though sick, she went to school as usual.
= Though (she was) sick, she went to school as usual.

    비록 그녀는 아팠을지라도 평소대로 학교에 갔다.

- Once married, a woman loses her independence.
= Once (she is) married, a woman loses her independence.

    일단 여성이 결혼을 하면, 여성은 그녀의 독립성을 잃어버린다.

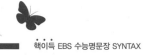

01. But diet, while critical to prevention, is just one risk factor. _{E연계기출}

02. Actually, the light never moved at all, because of an optical illusion termed the auto kinetic effect, the light seemed to shift constantly about, although to a different extent for each subject. _{수특7-8}

03. Medical school education, though heavily supported by various types of granting agencies, is still incredibly expensive. _{E연계기출}

04. In every case, what is minimally called for is imaginative flexibility in order to react appropriately to the multiple situations the students encounter, while looking ahead to the consequences of various actions and decisions. _{7-7 다른주어생략}

05. Similarly, a round coin is seen as round even when viewed from an angle in which, objectively, it should appear elliptical. _{EBS수능기출}

06. The downside, of course, is that large population and its concentration provide the essential breeding ground for the maintenance and transport of pathogens from host to host, eventually infecting many thousands, if not millions, of people. _{수특13-6}

07. Being sleepy while driving is dangerous in that it slows reaction time, decreases awareness, and affects judgment. _{수능기출}

08. This kind of simple cause-and-effect logic can be misleading if applied to the complex world of organizations, where it is difficult to trace single effects to single causes. _{수특T1-2}

09. Whether woven or printed, a fine tie is a work of art from beginning to end. Woven silk ties are the most luxurious of all. Though less common today, they were at one time the essential accessory of a true gentleman. 수능기출

10. Although lacking in supporting research, claims suggest that listening to Mozart for even a few minutes on a regular basis can increase intelligence and subsequent performance on tests of intelligence. 수특25-1

11. We often get instructions and tasks passed to us verbally. Though not always the best way, it's certainly the most common. E연계기출

12. This factor, when combined with the pressure from investors for higher returns on capital, has resulted in pressure to increase productivity and reduce costs. E연계기출

13. Both these ingredients, though (they are) free and available to anyone for the taking, were commonly considered to be inappropriate if (they are) not dangerous for children, and so were generally excluded from their diets. 수특16-4

14. Being able to look at situations using different frames is critically important when tackling all types of challenges. E연계기출

15. We are often surprised at the purposefulness and precision of some animals' behavior when directed to the preservation of themselves and their species. 독연14-11

16. The preference for smoking is acquired rather than natural, and without the example of others smoking, although in television advertisements, children would avoid the direct causes of the lung cancer. 수능기출

어법 특강

수능어법문제는 항상 EBS연계지문에서 변형됩니다.

해설강의
보러가기

01. I met an old friend, (walking / walked) on the street.

02. From the moment he come up with a concept, it usually takes Mr. you a week to produce the (finished / finishing) product.

03. The teacher spoke to his students about how to keep the students (inspired / inspiring) to write lively and interesting articles.

04. Magellan`s men sailed down around africa and back to Spain, (proving / proved) that the earth is round.

05. (Not having received / Not received) any answer from him, I wrote a letter again and asked him to write back to me soon.

06. I had to let him go, (leaving / left) him sad.

07. (Ignoring / Ignored) his advice, I wasted my time and continued to paint what I thought was popular.

08. (Tempted / Tempting) by fame, I told my art professor that I wanted to leave university to go to Paris.

09. (Expecting / expected) the beautiful view, I was thrilled as I boarded the boat.

010. (Written / Writing) from the viewpoint of a child, this book have remained popular with young readers from many countries.

O11. (Holding / held) a fishing rod on the river bank, a little girl suddenly felt something and saw the fishing rod bowing like a question mark.

O12. (Absorbed / Absorbing) in their own thoughts, People do not see the motions of someone trying to greet him.

정답 및 해설

01. walking – 나는 길을 걸으면서 옛날 친구를 만났다. (동시동작)

02. finished – 그가 어떤 컨셉을 생각해낸 순간부터 유풍이 완성된 물건을 만드는 데 보통 일주일이 걸린다. (finished 형용사가 product꾸밈. it takes 사람 시간 to 부정사)

03. inspired – 선생님은 그의 학생들에게 활기차고 재밌는 기사를 쓰기 위해 학생들이 고취되게 하는 상태로 유지하는 방법에 대해 말하고 있다.

04. proving – 마젤란의 선원들은 아프리카로 내려가 스페인으로 항해를 했다. 그리고 지구가 둥글다는 것을 증명했다 (연속동작, 시제 is 불변의 진리)

05. not having received – 그로부터 어떤 답장도 못 받았기 때문에 나는 다시 편지를 쓰고 그가 나에게 곧 편지를 다시 쓸 것을 요청했다. (원래 문장 – because I hadn't received)

06. leaving – 나는 그가 슬프도록 내버려두면서 그를 가게 해야 했다. (동시동작)

07. ignoring – 그의 충고를 무시하면서 나는 나의 시간을 낭비하고 내가 생각하기에 인기 있었던 것을 계속 그렸다. (동시동작)

08. tempted – 명성에 의해 유혹당한 나는 미술교수님에게 파리에 가기 위해 대학을 떠나길 원한다고 말했다. (동시동작 – 수동 ~되면서)

09. expecting – 아름다운 풍경을 기대하면서. 나는 배에 탑승하면서 흥분했다. (동시동작)

010. written – 어린이 관점에서 쓰여진 이 책은 많은 나라의 어린 독자들에게 인기가 있다.

011. holding – 강둑에서 낚시대를 잡고 있는 작은 소녀는 갑자기 무언가를 느끼고 낚시대가 물음표처럼 절을 하고(휘어지고)있는 것을 보았다. (동시동작)

012. absorbed – 그들의 생각에 몰입되면서 사람들은 그에게 인사하려고 시도하는 사람의 동작을 보지 않는다. (수동의 동시동작)

8-1. 동명사 주어와 분사구문의 구별

수능영어 고득점자들은 입체형 해석을 잘합니다!

You probably can't wait to get out of the crowded bus, while being in the crowded club might be considered a pleasure.

당신은 아마도 버스에서 나가는 것을 기다릴 수 없지만, 디스크장안에 있는 것은 기쁨으로 여겨질지도 모른다.

동명사 being이 나왔을 때 Being 다음에 동사가 또 있다면, 그 때 being은 동명사 주어이고, 동사가 없다면, 분사구문으로 판단해야 한다. 진행을 나타내며, 명사를 수식하는 현재분사(7-1)와 구별을 해야한다.

동명사의 역할

동명사(V-ing)는 주어와 보어자리에 들어가고, 해석은 [~하는 것]이라고 해석이 된다.
동명사가 주어일 때는 단수에 수의 일치를 한다.

- <u>Studying</u> hard pleases oneself.
  열심히 공부를 하는 것은 자신을 기쁘게 한다.(주어)

- That's the reason why <u>being</u> near ports and rivers has been important.
  그것이 항구나 강 근처에 있는 것이 중요한 이유이다.

- <u>Being</u> physically fit helps in almost every area of my life.
  신체적으로 건강한 것은 거의 모든 내 삶의 분야에서 도움이 된다.

- My ultimate end is <u>becoming</u> a great writer.
  나의 궁금적인 목표는 훌륭한 작가가 되는 것이다.(보어)

01. Though making a verbal commitment, no matter how bold and how inspiring, does not ensure that we reach our destination, it does enhance the likelihood of success. E연계기출

02. Recognizing past accomplishments, important events, goals reached, awards, or other important events in the organization's history is important to employees. It is also a way to honor both your current and past employees who contributed to the accomplishment. It adds to the sense of identity that employees have concerning their place of employment. 수특13-7

03. Telling a person who is very upset that there is no problem or joking about what looks like a serious problem can communicate the idea that the person's problem doesn't matter. 수능기출

04. Being able to recognize and engage the primary caregiver increases the likelihood that an infant will become emotionally bonded with that individual and receive proper nurturance. E연계기출

05. There are inventors who need help protecting their ideas, entrepreneurs who need help gaining capital, or composers who need help with lyrics. Working together allows for different points of view and sparks new ideas. 수특11 2

06. A lot of research has looked into the role of fat in health, and while choosing better fats is more critical for adults who need to worry about chronic diseases, making a healthy start with the best fats is also important for children. 수특13-7

07. Children have never cleaned their room before. They have to learn how to do it, and part of that learning process is not doing it, doing it badly, and doing it differently from how we would do it. 수능기출

08. Calling a travel agent to make an airline reservation clearly is an example of using the telephone as an information tool. But talking by telephone for hours with a distant friend is an entertaining way to keep in contact and exchange information of what is happening. 수특2-3

09. An advantage of profiling your audience is considering the possibility of a secondary audience. Analyzing the task and anticipating the audience will help you adapt your message so that you can create an efficient and effective message. 수특15-8

10. Paying attention to one thing necessarily comes at the expense of another. Letting your eyes get too taken in by all of the scientific equipment in the laboratory prevents you from noticing anything of significance about the man in that same room. E연계기출

8-2. 타동사와 전치사의 목적어인 동명사

수능영어 고득점자들은 입체형 해석을 잘합니다!

Doing the right thing means thinking about everybody else, using the emotional brain to mirror the emotions of strangers.

입체형해석

옳은 일을 한다는 것은 낯선 사람들의 감정을 반영하기 위해서 감정적인 뇌를 사용하면서 다른 모든 사람들에 대해 생각하는 것을 의미한다.

　Ving의 형태가 명사를 수식하는 것이 아닐 때는 동명사로 본다.
　문장 뒤에 나온 Ving의 형태, 위의 using은 분사구문 (동시동작) 으로 본다.

개념 완성

타동사의 목적어로 쓰인 동명사

동명사(V-ing)는 타동사 뒤에 목적어 자리에 들어가고, 해석은 [~하는 것]이라고 해석이 된다.
동명사는 보통 과거적 성향의 해석과 관련되어 있다.

동명사를 목적어로 취하는 동사들

enjoy, suggest, recommend, consider, finish, quit, discontinue, give up, postpone, dislike, deny, mind, avoiding, escape

• The doctor recommended <u>drinking</u> water.
　그 의사는 물을 마실 것을 추천했다.

• Do you mind <u>opening</u> the door?
　당신은 문을 여는 것을 꺼리십니까?

전치사의 목적어로 쓰인 동명사

• This book will help us a good deal <u>in studying</u> English.
　이 책은 영어 공부에 많은 도움이 될 것이다.

• They search for information <u>by calling</u> the client questions.
　그들은 고객에게 전화를 함으로써 정보를 찾는다.

• That is the secret <u>for building</u> up a network.
　그것이 네트워크를 구축하는데 있어서 비밀이다.

• Cyberspace may have the negative effect <u>of making</u> our lives less healthy.
　사이버 공간은 우리의 삶을 덜 건전하게 만드는 부정적인 영향을 끼친다.

01. Fingerprint experts provide a method of comparison of the prints, and this is used by a computer program for comparing fingerprints. E연계기출

02. A man doesn't become a loser until he is satisfied with being one. 수능기출

03. When individual views on what is acceptable vary, balancing protecting children from what individuals see as harmful and respecting the family's values can be very difficult. 독연1-12

04. There is also the possibility of (damage / damaging) your stuff, some of it valuable. 수능기출

05. A dentist friend of mine is famous for being one of the few pain-free dentists in the country. People flock from everywhere to come and see him. E연계기출

06. When we enter into genuine solitude, we then have the ability to enter into the center of our being and connect in a meaningful way with others. Silence and solitude provide a means for coming to know ourselves better, for becoming centered, and for forming meaningful relationships. 수특T1-5

07. When it comes to dealing with relational challenges wisely, the starting point is always your relationship with yourself. 수특3-4

08. In a Superman movie, audiences have no difficulty in accepting a scene where Superman saves a character falling from a building by flying towards him or her and catching him or her. 수능기출

09. John believes that the examination does not necessarily involve tension, and that there are many things that contribute to making a person feel eased. E연계기출

10. Albert Einstein was a poor communicator and had difficulty in articulating his thoughts, despite his profoundly superb intelligence. 수특3-2

11. We spend literally hours in each other's company, stroking, touching, talking, murmuring, being attentive to every detail of who is doing what with whom. E연계기출

12. Rather than spend time seeking out a guaranteed technique for promoting student creativity, teachers might better spend their time focusing their attention on how their everyday classroom policies, practices, and procedures support or hinder creative expression. 수특25-2

13. Many of us experience communication anxiety in certain situations, such as admitting to a touchy roommate that we forgot to mail the letters he or she asked us to mail, telling a spouse about a shopping spree, and alerting a boss to a major mistake we have made. 수능기출

14. A metaphor provides us with a perspective for comprehending something unknown by comparing it to familiar objects and experiences. For example, in using the domino effect as a metaphor to explain cause and effect, one must ascertain that students do indeed know what dominoes are. 수능기출

8-3. 동명사의 의미상의 주어, 수동태, 시제

수능영어 고득점자들은 입체형 해석을 잘합니다!

The vagueness of many slang terms is one reason for their being inappropriate in careful writing.

입체형 해석 - 많은 속어의 모호함은 그것들이 주의 깊은 글에 부적절한 한 가지 이유이다.   their = they   being = are

동명사(Ving)앞에 명사나 소유격이 있다면, 동명사(Ving)의 의미상의 주어로 해석을 한다. 수식을 해도 무방하지만,
약간의 의미차이는 있다. 동명사의 수동은 being pp를 쓰고 과거는 having pp로 나타낸다. 분사구문의 형태와
동일하지만, being은 생략이 될 수 없다.

개념 완성

의미상의 주어

의미상의 주어는 동명사의 행동주체를 나타내주니까 주어처럼 해석을 해야한다. you are a civil servant로
보자. 소유격(your)과 목적격(you) 2가지형태가 있다. 동명사 being은 생략할 수 없다.

- She is proud of <u>your (you)</u> entering the university.
  그녀는 네가 대학에 들어간 것을 자랑스러워한다.

시제와 부정

본동사 시제보다 앞선 시제는 완료동명사 [having pp]로 표현하고, "그 당시"를 붙여서 해석한다.

- I felt ashamed for <u>not having visited</u> him for the last five years.
  나는 지난 5년간 그를 방문하지 않았던 것이 부끄러웠다.

수동태

[Ving] 는 능동이지만, [being pp] 는 수동을 나타내고,
본동사 시제 보다 앞선 시제는 [having been pp]로 표현하고, 해석할 때는 "그 당시"를 붙여서 해석한다.

- You can`t escape <u>being seen</u>.
  너는 목격되는 것을 피할 수 없다.

- I felt angry for <u>not having been invited</u> by her.
  나는 그 당시 그녀에 의해 초대받지 못했던 것에 대해 화가 났다.

01. Therefore, the value of the original results not only from its uniqueness but from its being the source from which reproductions are made. 수능기출

02. By doing without 80 to 90 percent of the gasoline used by conventional cars, these vehicles could play a key role in our getting unhooked from fossil fuels. 수특4-2

03. Science is viewed by many as definitive, basing its conclusions on facts, and capable of delivering answers to questions and problems. However, scientists do not start from the premise of science being about universal 'truths' or definitive answers. 수특22-4

04. In wildlife preserves in Africa, the animals wander about freely without fear of being captured. 수능기출

05. Under any of a variety of influences, the equilibrium may be disturbed, resulting in one part's appearing in excess. When this happens, sickness appears, the particular disease depending primarily upon which substance has gained the ascendancy. 수특6-6

06. While we are walking or moving, we normally spend less than a second looking at everyday objects that we encounter. The days pass by us without our really being aware of them. 수능기출

07. The next morning, I asked my dad if he remembered me calling him the night before, but he said no. 수능기출

08. In general, students are well compensated for the demanding work they do. The days of your appearance being a ticket to a university as the winner, however, are clearly over. 수능기출

09. The sight of others acting in a socially responsible manner — by dropping money in a Salvation Army bucket, for instance — can spur an observer to help in two ways. 수특13-8

10. Typically, adults in their late twenties or thirties who develop asthmatic symptoms will recall having had mild asthma as a child and are surprised that they continue to have asthma in adulthood or, as they describe, have it "come back after so many years." 독연9-8

11. Because I felt pleased for having made this serious decision, I proudly announced my plan to my teacher. His immediate reaction was to say, "You'll never study hard because of sleeping, eating and playing games." 수능기출

12. This type of education has been the cause of students dropping out of school and experiencing psychological trauma. In fact, many give up permanently, convinced that English grammar is beyond their grasp. 수능기출

개념 특강

동명사의 관용적인 표현

<u>On arriving</u> in Sydney, I called her. (~하자마자)

<u>It is no use (good) looking</u> for him. (~해봐야 소용이 없다.)

<u>There is no telling</u> what scheme he has in mind. (~은 불가능하다.)

Many students <u>couldn`t help admitting</u> that he was handsome.
(~하지 않을 수 없다.)

<u>It goes without saying</u> that dilifence is the key to success.
(that이하라고 말할 필요조차 없다.)

The company will <u>have trouble (difficulty) (in) carrying</u> out its
plans. (~하는데 어려움을 겪다.)

시드니에 도착하자마자 나는 그녀에게 전화했다.
그를 찾아봐야 소용이 없다.
그가 마음속에 어떤 계획을 가지고 있는지 말하는 것은 불가능하다
많은 학생들은 그가 잘생겼다는 것을 인정할 수 밖에 없었다.
근면은 성공의 열쇠이다. 라고 말할 필요조차 없다.
그 회사는 이 계획들을 수행하는데 어려움을 겪을 것이다.

전치사 뒤에 나오는 동명사

Students are always <u>looking forward to having</u> vacations.
(~하기를 기대하다)

He <u>is used to walking</u> a long distance. (~하는데 익숙하다)

I <u>object to</u> your opinion like this. (~에 반대하다)

He <u>devoted himself to studying</u> Chemistry. (~에 헌신하다)

He is second to none <u>when it comes to playing</u> tennis.
(~하는데 관해서)

Would you like to <u>contribute to</u> our collection? (~에 기여하다)

The team`s success was largely <u>due to</u> her efforts. (~ 때문에)

The investment program will <u>lead to</u> the creation of many new
jobs. (~유발하다)

학생들은 항상 휴가를 갖기를 기대한다.
그는 장거리를 걷는데 익숙하다
나는 이와 같은 너의 의견에 반대한다.
그는 화학 공부를 하는데 헌신했다.
나는 가난한 사람들을 위해 일하는 데에 전념 할 것이다.
그는 테니스를 하는데 있어서 제일이다.
우리의 수집에 기여하고 싶니?
그 팀의 성공은 거의 그녀의 노력 때문이었다.
그 투자 프로그램은 많은 새로운 직업들의 창출을 유발할 것이다.

To 부정사의 관용적인 표현

Tickets <u>is likely to be</u> expensive. (~하기 가능하다.)

I <u>am perfectly willing to discuss</u> the problem. (기꺼이 ~하다.)

I <u>was just about to ask</u> you the same thing. (막 ~하려고 하다.)

You <u>are bound to succeed</u>. (반드시 ~하다.)

He <u>was eager (anxious) to please</u> his guests.
(~하기를 갈망하다.)

He <u>is due to speak</u> tonight. (~할 예정이다.)

티켓들은 비쌀 것이다.
나는 완전히 기꺼이 그 문제를 논의한다.
나는 너에게 똑같은 것을 막 물어보려던 참이었다.
너는 반드시 성공한다.
그는 그의 손님들을 기쁘게 하기를 갈망한다.
그녀는 그녀의 직업을 잃었기 때문에 기ㅕ는 차를 살 어유기 없다.
그 파티는 반드시 큰 성공이 된다.
그는 오늘 연설할 예정이다.

전치사 to 뒤에는 명사나. 동명사가 온다.
전치사 to 숙어는 수능영어에서 몇 개 없기 때문에 알아두면 도움이 된다.

어법 특강

수능어법문제는 항상 EBS연계지문에서 변형됩니다.

해설강의
보러가기

01. Unless you two stop (to fight / fighting), I will call the police.

02. Daniel is used to (work / working) under deadlines and in high pressure situations.

03. His daughter is sure of (the rich being / that the rich are) very happy.

04. Getting rich information was very expensive, and the tools for (analysis / analyzing) it weren't even available until the early 1990s.

05. I felt ashamed for (not being visited / not having visited / not visiting) him for the last five years.

06. Betty forgot (to give / giving) sufficient notice about his resignation to his employers.

07. If I were a genius, I would not mind (being treated / treating) like one.

08. I remember (writing / to write) my books. I spent hours (to try / trying) to select a good sentence for them.

09. The project contributed to (raise / raising) environmental awareness.

010. Shoppers can not help (to wonder / wondering) why the prices at the department store are so high.

011. People are accustomed to (using / use) blankets to make themselves warm.

012. The chef obtains interesting and different results with this dish by (vary / varying) the ingredients he uses in the recipe.

013. As youth, we need not feel ashamed of (being made / making) mistakes in trying to find our place on a social group.

014. My driving license needs (renewing / to renew). I must have it (renewed / renewing) before it expires.

정답 및 해설

01. fighting – 너희 2명이 싸우는 것을 멈추지 않는다면, 난 경찰을 부를 것이다. (싸워 오던 것을 멈추는 것이기 때문에 동명사가 온다.)

02. working – Daniel은 마감에 임박해서, 그리고 높은 압박의 상황에서 일하는 것이 익숙하다. (익숙하다 일 때는 전치사 to 이기 때문에 동명사가 온다.)

03. the rich being – 그의 딸은 부자가 행복하다는 것을 확신했다. (전치사 of 뒤에는 문장이 나올 수 없으므로, 동명사로 표현해야 한다. the rich는 부유한 사람들로 동명사 being의 의미상의 주어이다. 전치사 of가 없이 that절로 나올 때는 are의 형태로 온다.)

04. analyzing – 풍부한 정보를 얻는 것은 매우 비싸다. 그리고 그 정보를 분석하기 위한 도구들은 1990년대 초반에는 이용가능하지 않았다. (정도를 나타내는 목적어 it이 있으니, 동명사가 와야 한다. 목적어 it이 없을 때는 명사의 형태가 온다.)

05. not having visited –나는 지난 5년간 그를 방문하지 안했던 것에 대해 부끄럼을 느꼈다. (부끄러웠던 것보다. 이전 5년간 방문을 하지 않은 것이 더 과거이기 때문에 having pp의 형태로 대과거 시제를 나타낸다.)

06. to give – Betty는 그의 사장에게 그의 퇴직에 대해서 충분한 통지를 주는 것을 잊었다. (해석상 통지를 주는 것을 잊은 내용이기 때문에 to 부정사가 온다.)

07. being treated –만약에 내가 천재라면 나는 천재처럼 취급당하는 것을 꺼리지 않겠다. 그러나 내가 천재가 아니기 때문에 나는 꺼린다. (treating의 능동이 오려면 목적어가 나와야 하는데, 뒤에 목적어가 없으니 수동의 being pp가 온다.)

08. writing, trying – 나는 내 책을 썼던 것을 기억한다. 나는 그들을 위해 좋은 문장을 선택하기 위해 수 시간을 노력 하는데 소비했다. (해석상 책을 썼던 것이니, 동명사 wring이 오고. spend 시간 (in) Ving 동명사의 형태가 온다.)

09. raising – 그 프로젝트는 환경에 대한 자각을 불러일으키는데 기여했다. (기여하다의 contribute to는 전치사 to 이기 때문에 동명사가 온다.)

010. wondering – 고객들은 왜 백화점 가격이 그렇게 높은지에 대해 궁금해 할 수 밖에 없다. (can not help Ving ~할 수 밖에 없다라는 관용적인 표현이다.)

011. using – 사람들은 그들을 따뜻하게 만들기 위해 담요를 사용하는데 익숙하다. (해석상 익숙하다가 온다. be accustomed to 의 to는 전치사이기 때문에 동명사가 온다.)

012. varying – 그 요리사는 조리법에서 그가 사용하는 성분을 다양하게 함으로써 이 음식과 함께 재미있고 다양한 결과를 얻는다. (~함으로서의 by ving : 전치사 뒤에는 동사가 올 수 없다.)

013. making – 젊은이로서. 우리는 사회적 그룹에서 우리의 자리를 발견하려고 노력할 때 실수를 하는 것에 대해 부끄러움을 느낄 필요가 없다. (전치사 of 뒤에 mistakes를 목적어로 하는 동명사 making 이 온다.)

014. renewing, renewed – 내 운전(운전하기위한)면허증은 갱신되어질 필요가 있다. 나는 그것이 만료되기 전에 갱신해야만 한다. (원래는 need to be renewed. 가 와야 하지만, 동사 need뒤에서의 to be renewed는 동명사 renewing 으로 바뀐다.)

9-1. To 부정사의 의미상의 주어

수능영어 고득점자들은 입체형 해석을 잘합니다!

I'll wait <u>for you</u> to finish your breakfast.

나는 당신이 아침 식사를 끝내는 것을 기다릴 것이다. (너가)

for you to finish your breakfast를 아침식사를 끝내는 너를 위해라고 오역하지말자.
여기서 for you는 finish의 주어를 나타내기 때문에 "너가" 라고 해석한다.

To부정사의 의미상의 주어

To 부정사의 의미상 주어는 to 부정사 앞에 『for + 목적격 (or 명사)』로 나타낸다.
단, 사람의 성질을 나타내는 형용사 nice, good, kind, honest, cruel, stupid, careless, foolish, silly, rude
등의 형용사가 오면 to 부정사 앞에 『of + 목적격』으로 나타낸다.

- It isn't necessary <u>for him</u> to go to the meeting.
  그가 모임에 가는 것은 필수적이지 않다. (그가)

- It is important <u>for him</u> to leave.
  그가 떠나는 것은 중요하다. (그가)

- It is not desirable <u>for people</u> to marry at an older age.
  사람들이 늦은 나이에 결혼하는 것은 바람직하지 않다. (사람들이)

- It is rude <u>of you</u> to hide my wallet.
  당신이 내 지갑을 숨기는 것은 무례하다. (당신이)

- It is nice <u>of you</u> to help the old to walk safely.
  당신이 노인들이 안전하게 걷도록 도와주는 것은 멋지다. (당신이)

01. For government policy to assume that young women can rely on others for financial support is dangerous. 수특6-4

02. Reporters are incapable of being completely unbiased. 중략 For a story to be considered newsworthy it should be both important and interesting. 수능기출

03. Our current tools and social structures are not sufficiently effective for us to manage the climate or to prosper in hostile surroundings. 수특3-6

04. Good writers leave room for their readers to think! If a writer told you absolutely everything, reading might become a little boring. When a writer leaves room for the reader to think, the reader becomes more engaged and interested. 수특26-1

05. Thus, for a species to acquire a culture, its members should be able not only to learn and memorize but also to meet other members of its own species sufficiently often. 수능기출

06. Indeed, creativity researchers have argued that the best way to promote student creativity is for teachers to encourage and model the creative thinking and behaviors in the classroom. 수특25-2

07. In order for your great performance to be appreciated, it needs to be visible. But beyond visibility, the mere exposure research teaches us that familiarity produces preference. Being memorable equals getting picked. E연계기출

08. Water, as we now know, is essential for all complex forms of life to exist, and for someone living by the sea this is a pretty intelligent first step towards what we now refer to as the science of biology. 수특20-1

09. In order, therefore, for a great company to satisfactorily serve the public, it must have a philosophy and a method of doing business which will allow and insure that its people serve the public efficiently and in a pleasing manner. E연계기출

9-2. To 부정사의 시제와 수동태

수능영어 고득점자들은 입체형 해석을 잘합니다!

The ship seems <u>to be moved</u> from the sea to the harbor now.

그 배는 지금 바다에서 항구로 이동되는 것처럼 보인다.

The ship seems <u>to have been crashed</u> to the rock in 1999.

그 배는 1999년에 바위에 부딪혔던 것처럼 보인다.

분사구문과 동명사에서 being pp가 수동을 나타내고, having pp가 더 앞선 과거를 나타내고, having been pp로 수동과 과거를 동시에 나타낸다. To부정사에서는 to be pp가 수동을 나타내고, to have pp가 과거를 나타내고, to have been pp는 수동과 과거를 동시에 나타낸다.

1. 단순부정사는 『to 동사원형』의 형태로 본동사와 동일한 시제를 나타낸다.
   완료부정사는 『to have p.p』의 형태로 본동사보다 한 시제 앞선 것을 나타낸다.

- I am sorry <u>to have caused</u> you to wait for 30 minutes without the notice.

  나는 통보없이 당신을 30분동안 기다리게했던 것에 대해 유감스럽다.

- The bus seems <u>to have stopped on this road</u>.

  그 버스는 이 길에서 멈췄던 것처럼 보인다.

2. 단순부정사의 수동형은 『to be p.p』의 형태이고,
   완료부정사의 수동형은 『 to have been p.p』의 형태이다.

- The message you are sending is too critical or sensitive <u>to be sent</u> via e-mail.

  당신이 보낼 메세지는 너무 비판적이고, 민감해서 이메일을 통해서 보내질 수 없다.

- The building appears <u>to have been remodeled</u>.

  건물은 다시 리모델 되어졌던 것처럼 보인다.

01. If the job to be done requires lots of unskilled and light labor, such as picking up trash, then many hands do make work light. 수능기출

02. When rays enter the eyes of an observer, nerves in the eyes send signals to the observer's brain. The brain then constructs a picture based on where the rays appear to have come from. 수특7–8

03. It is truly an honor to have received the Peace Scholarship for 2003-2004. I am flattered to have been picked to receive this scholarship. 수능기출

04. Authoritarian parents and teachers expect to be obeyed without question. E연계기출

05. Rivers afford a very convenient and accessible source of supply, and one of the principal reasons for towns in the past having been built by the banks of rivers is considered to have been facility with which, in such a situation, a sufficient supply of water was secured. 수능기출

9-3. Be to 부정사 용법

수능영어 고득점자들은 입체형 해석을 잘합니다!

My hobby is to listen to the radio.
나의 취미는 라디오를 듣는 것이다.

My friend is to listen to the radio.
나의 친구는 라디오를 듣고 싶다. 들어야만 한다. 들을 운명이다. 들을 예정이다. 들을 수 있다. (문맥에 맞게 선택한다.)

첫 문장은 is to listen이 듣는 것이다 로 자연스럽게 해석이 되지만, 두 번째 문장은 친구는 듣는 것이다 로 해석이
어색하다. 그렇게 어색할 때를 be to 용법이라고 하며, 해석은 다양하게 될 수 있다. 소의 운명은 예정하는 것은
가능하다. (소망, 의무, 운명, 예정, 가능) 로 여러가지로 해석이 될 수 있으니, 자연스러운 것을 선택한다.

 개념 완성

- If you <u>are to succeed</u>, you have to work harder.
  만약 당신이 성공하려면 당신은 열심히 일해야 한다.

- They <u>are never to see</u> each other again.
  그들은 서로 서로를 결코 다시 보지 못할 운명이다.

- If we <u>are to get along</u> well with each other, we should try to understand each other.
  만약 우리가 서로 서로와 잘 지내려면 우리는 서로를 이해하려고 노력해야 한다.

- Our goal <u>is to win the prize</u>.
  우리 목표는 상을 타는 것이다.

- You <u>are to write</u> your address on this paper.
  당신은 이 종이 위에 당신의 주소를 기재해야 한다.

- No stars <u>are to be seen</u> in the daytime.
  어떤 별도 낮에 보여 질 수 없다.

- We <u>were to create</u> a newspaper on the subjects we were studying.
  우리는 공부하고 있는 주제에 대한 신문을 만들어야 한다.

- The former president <u>is to make</u> a speech at the graduation ceremony.
  전직 대통령은 졸업식에서 연설할 예정이다.

Be to 용법은 예정(~할 예정이다), 가능(~할 수 있다), 의도(~하려면), 의무(~해야 한다), 운명(~할 운명이다)
으로 적절히 해석하면 된다.

01. Not a man was to be seen but a black and white dog which was hanging around a trash can in Australia. 수능기출

02. The only way you are going to be able to build your relationship with these people is to communicate with them. If you are to do that effectively then you will need a system. 독연 15-04

03. Turnaround leaders must convince people that the organization is truly on its deathbed — or, at the very least, that radical changes are required if the organization is to survive and thrive." E연계기출

04. But if the election is going to be held immediately after the second speech, and there is to be a prolonged coffee break between the two speeches, you might as well speak last. E연계기출

9-4. Ask A to B 5형식동사

수능영어 고득점자들은 입체형 해석을 잘합니다!

His moral rights <u>allow</u> him <u>to prevent</u> even the copyright owner from destroying, damaging, or changing the artwork.

그의 저작 인격권은 그에게 저작권의 소유자[구매자]조차도 그 예술품을 파괴나 손상, 혹은 변형시키지 못하도록 해 준다.

습관적으로 to 부정사가 문장 뒤에 있을 때, "~하기 위해서" 라고 많이 해석한다. ask A to B 의 형태로 나오는 5 형식 동사들은 "A가 B하도록 요청하다" 라고 해석을 해야 한다. 이런 패턴 동사들은 많이 나오는 동사위주로 꼭 암기한다.

개념 완성

허락하다	allow, permit	확신시키다	convince, motivate
훈련시키다	train	알려주다	remind, warn, teach
야기시키다	cause , lead	인정하다	admit
말하다	tell	가능하게 하다	enable
금지시키다	forbid	충고하다	advise,
판명하다	prove	명령하다	order , command
믿게하다	trust	설득시키다	persuade
원하다	want , would like , would love , need , expect , invite		
부추기다	encourage , persuade , motivate , convince, ask, advise		
강요하다	force , ask , require , request , compel , oblige , obligate , get urge, induce, inspire		

- I `d like you to ask yourself why I am teaching and you are learning.
  나는 당신이 당신 스스로에게 왜 내가 가르치고 있고 당신이 왜 배우고 있는지를 묻기를 원한다.

- We can`t expect everyone to drive a car to work or school.
  우리는 모든 사람이 직장이나 학교로 운전하는 것을 기대할 수 없다.

- Allow the other person to finish speaking before you take your turn.
  당신 차례가 되기 전에 다른 사람이 말을 끝내도록 해라.

- His example has encouraged both handicapped and healthy people to attempt the possible.
  그의 선례는 장애인들과 건강한 사람 모두 가능한 것을 시도하도록 장려했다.

- Lots of things can enable the blood vessels in your brain to be blocked.
  많은 것들이 뇌 속에 있는 혈관이 막히도록 할 수 있다.

01. Digital photography certainly frees you up to do more shooting, but it's a double-edged sword because it also allows you to do a lot of really bad shooting. 수특24-2

02. The primary advantage of this transaction is that the Internet enables two individuals located at distant places to come together to buy and sell using an intermediary's web address. E연계기출

03. Time pressure compels consumers of information to scan multiple channels, scooping up and filtering large amounts of data in search of what is interesting or important. E연계기출

04. Hans, famous for such fairy tales as "The Emperor's New Clothes," had a phobia of being buried being alive. As a result, he always tried to carry a note in his pocket telling anyone who might find him unconscious not to assume he was dead. 수능기출

05. The definition of sustainability as development that meets the needs of the present without compromising the ability of future generations to meet their own needs compels us to face tomorrow's challenge today. 수특 6-7

06. Eventually, he had made a mirror with the power of causing all that was beautiful when it was reflected in the mirror to look poor and mean. 수능기출

9-5. To 부정사의 명사적 용법

수능영어 고득점자들은 입체형 해석을 잘합니다!

To see other people eat, drink, play and be merry would be a terrible pain for me who have studied hard.

다른 사람들이 먹고 마시고, 놀고, 기뻐하는 것을 보는 것은 열심히 공부를 해 온 나에게 끔직한 고통일 것이다.

To 부정사는 동사원형 앞에 To가 붙는 형태이고, 문장에서 위치하는 자리에 따라 To의 해석이 여러가지로 될 수 있다. 주어자리에서는 ~것은, 목적어자리에서는 ~하는 것을, 보어자리에서는 ~것이다. 라고 해석이 된다.

개념 완성

명사적 용법

To부정사가 문장에서 주어, 목적어, 보어인 명사역할을 한다. 위치하는 곳에 따라 해석방법이 달라진다. 특히 to부정사가 주어로 쓰인 경우에는 주어가 길어지기 때문에 해석에 주의하고, 이런 경우에는 가주어 구문을 쓰는 것이 보통이다. 해석은 보통 '~하는 것' 으로 한다.

- <u>To study hard</u> pleases oneself.
  열심히 공부하는 것은 자신을 즐겁게 한다.

- It is beneficial to our lives <u>to study hard</u>.
  열심히 공부하는 것은 우리의 인생에 도움이 된다. (가주어, 진주어)

- Many people hope <u>to realize their potential</u>.
  많은 사람들은 그들의 잠재력을 깨닫기를 원한다.

- Many people want James <u>to realize his potential</u>.
  많은 사람들은 James가 그의 잠재력을 깨닫기를 원한다.

- My ultimate end is <u>to become a great physicist</u>.
  나의 궁극적인 목표는 훌륭한 물리학자가 되는 것이다.

01. One surprising effect of printing was to stimulate the development of single national languages like English, French and German. 수능기출

02. So it's always a good policy to immediately make a note about any task given to you verbally. This begins your work record for the task or project and allows you to have a document to remind you of it. 수능기출

03. No one will dispute the fact that kindness is a fine virtue. To say a person is kind is to say that he is gentle, considerate, and charitable. 수능기출

04. The first priority is to be a good teacher and to let your students know that you are actually interested in them, and care about them. E연계기출

05. Thinking for yourself doesn't require you to come up with the solutions yourself. All you need to do is get out of the box of traditional thinking. One way to do that is to include others in the process of devising solutions. 수능기출

06. For most, the motivation is not money, not fame, not the short-lived glory that comes with a major new find — it is to make a difference to human knowledge, to contribute new and lasting insight about things not understood before. 수능기출

07. The great aspiration of modern societies, however, has been to reverse this equation - to eliminate inherited privilege in order to make rank dependent on individual achievement. Status in the current society rarely depends on an unchangeable identity handed down through the generations. 수능기출

9-6. 형용사적 용법과 관용적 표현들

수능영어 고득점자들은 입체형 해석을 잘합니다!

The stories about Edison's capacity to work long hours and endure thousands of frustrations are almost like legends.

장시간 일하고 수천 번의 좌절을 견뎌 낸 에디슨의 능력에 관한 이야기는 거의 전설적이다.

To 부정사 앞에 명사가 올 때는 ~할, ~하는 으로 명사를 수식한다.
문장 중간이나, 뒤에 있는 To부정사는 목적, 수식, 원인, 결과로 해석이 많이 된다. 그 중에 수식은 앞에 수식을 받는 명사가 있다.

개념 완성

형용사적 용법

To부정사가 앞에 명사를 수식한다. (동사하는 명사라고 해석한다.)

- He is now looking for a bigger house <u>to live in</u>. (=in which to live)
  그는 지금 살 더 큰 집을 찾고 있다.

- I have some assignment <u>to do</u> today.
  나는 오늘 할 과제가 있다.

- There are telephones for drivers <u>to call for help</u>.
  운전자가 도움을 요청할 전화기들이 있다.

자주 쓰이는 표현

1. too ~ to ~ : so ~ that 주어 can not (너무 ~해서 ~할 수 없다.)
- He is <u>too</u> old <u>to do</u> the work.
= He is <u>so old that he can`t</u> do the work.
  그는 너무 늙어서 그 일을 할 수 없다.

2. ~ enough to V (V할 정도로 충분히 ~한) : so ~ that ~ can (너무 ~ 해서 ~하다)
- He is <u>young enough to do</u> the work.
  그는 그 일을 할 정도로 충분히 젊다.

3. so ~ as to V : (V할 정도로, ~하기에 충분히 ~하다.)
- His work was <u>so good as to make</u> him internationally famous.
  그의 작품은 그를 국제적으로 유명하게 만들만큼 아주 좋다.

01. I am not such a fool as to believe it. 수능기출

02. These new organizational forms have the potential to nurture local economic development, maintain diversity and quality in products, and provide forums where producers and consumers can come together to strengthen bonds of local identity and solidarity. 수특3-3

03. Adding an extra hour to the day, especially if you use it to do something other than work, is an effective way to relieve and to give yourself the feeling of having much more time and energy throughout the day. 수능기출

04. Water buckets may be too small to accommodate all the horses comfortably. 수능기출

05. Throughout modern history, Britain has enjoyed unique advantages. It has been large enough to contain and gradually assimilate a number of different races, but small enough to be effectively governed by a single ruler. 수능기출

06. If you knew me well, you would know that I am shameless enough to take all compliments at their face value and not to think that they might be mere flattery. E연계기출

9-7. 부사적 용법

수능영어 고득점자들은 입체형 해석을 잘합니다!

Monks who gathered to hear the wonderful music were astounded to later find out it was a boy who was playing.

멋진 음악을 듣기 위해서 모인 승려들은 연주하고 있는 것이 소년이라는 것을 발견하고서 놀랐다. astound 놀라게 하다

To 부정사 해석이 가장 많이 나오는 순서는 목적, 수식, 원인, 결과, 조건이다.
To부정사가 중간에 나오면, 일단 ~하기 위해서로 해보고, 어색할 때 앞에 명사가 나오면, 수식으로 해보고, 감정이
나오면, 때문에로 해보고, 그것도 어색하면, 그 결과 ~하다 라고 해석을 해보면, 해석이 잘 된다.

개념 완성

부사적 용법

To부정사가 부사처럼 쓰인 경우에는 목적, 결과, 원인, 이유/판단의 근거, 조건, 의미가 다양하므로 해석에
주의해야 한다.

- **We work hard <u>to live</u>.**
  우리는 살기 위해서 열심히 일한다. 목적 (~하기 위해서)

- **He steped aside <u>in order for me to pass</u>.**
  그는 내가 지나가게 하기 위해서 옆으로 비켰다. 목적 (~하기 위해서)

- **He steped aside <u>so as for me to pass</u>.**
  그는 내가 지나가게 하기 위해서 옆으로 비켰다. 목적 (~하기 위해서)

- **I`m happy <u>to see you</u>.**
  나는 당신을 보기 때문에 행복하다. 원인 (~해서, 때문에) 주로 앞에 감정을 나타내는 형용사가 온다.

- **He grew up <u>(only) to become a respectable father</u>.**
  그는 성장한 결과 훌륭한 아버지가 되었다. 결과 (~해서 ~하다)

- **<u>To see him speak English</u>, you wouldn`t think him English.**
  그가 영어를 말하는 것을 본다면, 당신은 그가 영국인이라 생각하지 않을 것이다. 조건 (~하면)

01. To re-evaluate products or services every time they make a buying decision is impossible. To simplify their buying process, consumers organise products or services into categories; that is, they "position" the products, services and organisations in their minds. 수특13-3

02. To reduce the waste of inspection (and checking) in the office, everyone has to play by a new set of rules — in essence, a new paradigm. This begins with an understanding that defects are caused by the way work is performed. 수특14-4

03. In order to see if an unknown substance has a particular chemical property it is necessary to try to carry out a chemical reaction on it, which will, of course, produce a new substance. 수특22-2

04. You may determine that the shop owner will be of no benefit to your aspirations of being a DJ on the radio, only to find that his sister is the star presenter on the local station. 수특T1-4

05. From a chemical point of view, the early universe was very simple, far too simple to create complex objects such as our earth or the living organisms that inhabit it. 수특4-8

06. Most advanced training programs incorporate different styles of programs during various training periods. The rationale is that in order to continue to promote training adaptations, you must continually overload the system. 독연12-1

07. Mother Teresa once said. "We cannot do great things on this earth. We can only do little things with great love." Mother Teresa was right. We can't change the world, but to make the world a brighter place we don't need to (change the world). All (that) we really have to do is (to) focus on those little acts of kindness, things we can do right now. 수능기출

어법 특강

수능어법문제는 항상 EBS연계지문에서 변형됩니다.

해설강의
보러가기

01. It's important (for / of) journalist to write about both sides of a problem.

02. The CEO will be happy (win / to win) a vote of confidence from the board.

03. The ability (type / to type) quickly and accurately is a valuable skill.

04. It would be costly (not use / not to use) your language properly.

05. Your suggestion will enable us (improving / to improve) the quality of your products.

06. The greatest joy of life is (to be gained / to gain) by loving beautiful things.

07. We need more effective ways to make sure that every citizen can fully exercise the right (to secure / secure) private information.

08. David let problems in his personal life (to influence / influence) his performance at work.

09. In this way, manufacturers will attract public attention and show the product (to be advertised / to advertise) in a good aspect.

010. It is possible to (custom / customize) this program if it does not suit you.

011. People are accustomed to using blankets to make themselves warm. So They are surprised to see blankets which were used (to keep / to keeping) ice cold and to prevent it from melting.

012. Thus, the ability to decide what to do in what order is an essential skill (fulfil / to fulfil) multiple social roles.

013. (To Keep / Keep) a pleasant working environment, employers cannot allow certain kinds of behaviors such as arriving late.

정답 및 해설

01. for – 평론가가 한 문제의 양쪽면에 대해서 글을 쓰는 것은 중요하다. (to 부정사의 의미상의 주어는 for로 나타낸다.)

02. to win – 최고경영자는 위원회로부터 많은 득표수를 획득했기 때문에 행복할 것이다. (동사가 2개 있으면 안 되기 때문에 일단 to win이 오고 해석은 앞에 감정이 있기 때문에 ~때문에 행복하다로 한다.)

03. to type – 빠르고 정확하게 타자를 치는 능력은 가치있는 기술이다. (동사가 2개 있으면 안 되기 때문에 일단 to type이 오고 해석은 앞에 명사가 있기 때문에 타이핑하는 능력으로 수식을 한다.)

04. not to use – 적절하게 너의 언어를 사용하지 않는 것은 희생이 따를 수 있다. (동사가 2개 있으면 안 되기 때문에 일단 not to use로 오고 진주어 역할이다.)

05. to improve – 당신의 제안은 우리가 당신의 상품의 품질을 향상시키는 것을 가능하게 할 것이다. (enable A to B 의 형태로 5형식이다.)

06. to be gained – 인생의 가장 큰 기쁨은 아름다운 것들을 사랑함으로써 얻어지는 것이다. (gain뒤에 목적어가 없기 때문에 수동의 형태로 온다.)

07. to secure – 우리는 모든 시민이 개인 정보를 안전하게 할 권리를 완전히 행사할수 있다라는 확실히 하기 위한 더 효과적인 방법을 필요로 한다. (동사가 2개 있으면 안 되기 때문에 일단 to secure로 해석하고 ~하기 위해서로 해석한다.)

08. influence – David는 그의 개인적인 삶의 문제들이 작품에서의 그의 공연에 영향을 미치도록 했다. (사역동사 let이 있기 때문에 동사원형이 온다.)

09. to be advertised – 이런 식으로 제조업자들은 대중의 관심을 끌고 좋은 면에서 광고되어지는 상품을 보여줄 것이다. (뒤에 목적어도 없고, 상품은 광고 되어지는 수동의 입장이기 때문에 수동의 형태가 온다.)

010. customize – 만약에 그것이 당신에게 적합하지 않다면 이 프로그램을 개인의 희망에 맞추는 것은 가능하다. (to 부정사는 to 뒤에 동사원형이 온다.)

011. to keep – 사람들은 그들 자신을 따뜻하게 만들기 위해 담요를 사용하는 것에 익숙하다. 그래서 그들은 얼음을 차갑게 유지하기 위해 그리고 얼음이 녹지 못하게 하기위해 사용되어 지는 담요를 보고 놀랐다. (~하기 위해서 사용된다는 be used to 부정사가 온다.)

012. fulfill → to fulfill – 어떤 순서에서 무엇을 하지를 결정하는 능력은 복잡한 사회적 역할을 수행하기 위한 기본적인 기술이다. (동사가 2개 있으면 안 되기 때문에 일단 to fulfil로 오고 수식을 하는 역할이다.)

013. keep → to keep – 즐거운 작업환경을 유지하기 위해서 고용주들은 지각하는 것과 같은 어떤 종류의 행동들을 허락할 수 없다. (keep으로 오면 명령문 문장이기 때문에 어색하다. ~하기 위해서로 해석한다.)

10-1. 동등비교의 원급비교

수능영어 고득점자들은 입체형 해석을 잘합니다!

Life is never always in as big a hurry to give us good results as we are to get.

입체형해석

인생은 우리가 (좋은 결과)를 얻기 위해 서두르는 것 만큼 좋은 결과를 주려고 항상 서두르지 않는다.

as 형용사/부사 as 가 나왔다면, 동등비교급 문장이다. 뒤쪽 as를 "~만큼" 이라고 먼저 해석하고 마지막 as뒤에 원급(형용사/부사)을 넣어서 해석하면, 한결 쉬워진다. 윗 문장에서 as we are 뒤에 in a big hurry라는 내용이 생략되어 있다.

개념 완성

동등비교

as 형용사 / 부사 as : ~만큼 ~한으로 해석을 하며, 해석의 중심축은 두 번째 as 이다.
비교급의 부정은 최상급으로 주제문을 강조한다.

- She is <u>as beautiful as</u> her mother. (as her mother = as her mother is = as is her mother)
  그녀는 엄마만큼 아름답다. (as 뒤에는 괄호에 쓰여있는 것처럼 is가 있어도 되고, 자리가 바뀌어도 괜찮다.)

- Human beings are <u>not so (as) powerful as</u> God.
  인간은 신만큼 강력하지 않다. (부정문일 때는 앞에 as가 so로 나올 수도 있다.)

- Dust from China is <u>as harmful to the health as</u> chemicals from smoking are.
  중국으로부터의 먼지는 흡연으로부터의 화학 물질 만큼이나 건강에 해롭다. (맨 뒤에 are 뒤에 harmful을 넣어 보자.)

- <u>Nothing</u> is <u>so exhausting as</u> depression, and nothing is so futile (<u>as it is</u>).
  우울증만큼 피로한 것도 없으며, 또 무익한 것은 없다. (비교급의 부정은 최상급으로 주제문을 강조할 수 있다.)

- <u>Knowing</u> the answer to a question is not as critical as <u>being</u> able to find the answer.
  질문에 정답을 아는 것은 정답을 발견할 수 있는 것만큼 중요하지 않다. (비교급에서도 모양을 똑같이 일치시킨다.)

- I will invite <u>as many friends to my house as</u> I did last year.
  나는 작년에 초대했던 것 만큼 내 집으로 많은 친구들을 초대할 것이다. (수량을 나타낼 때 복수명사는 many가 온다.)

- He has made <u>as much contribution to medicine as</u> you have.
  그는 당신이 한 것만큼 의학에 많은 기여를 해왔다. (정도를 나타낼 때 셀수없는 명사는 much로 나타낸다.)

01. We can learn nearly as much from an experiment that doesn't work as from one that does.
E연계기출

02. According to an American Lung association study, released this summer, children in our city are two and a half times as likely to develop breathing-related diseases as children in other cities. 수능기출

03. A field of planted and weeded crops yields ten to one hundred times as much food — measured in calories — as the same area of naturally occurring plants, a benefit that would have been evident to early crop-planters. 독연12-10

04. For the first time in my life I was lost in another world. No television program had ever taken me so far away from my surroundings as did this verbal visit to a forest and animals. And I could return to them again and again with the flip of a page. 수능기출

05. While recycling is by far the most common practical step that people take to help the environment, the hopes and fears of environmentalists are focused elsewhere. 수특21-3

06. In western Brazil, there were three times as many fires in September 2005 as during September 2004. 독연11-4

07. Some pit bull lovers argue that other dog breeds are just as, if they are not more dangerous than it is, dangerous, as it is. 수능기출

10-2. 상대비교의 비교급

수능영어 고득점자들은 입체형 해석을 잘합니다!

Many people will deduce that the temperature of the metal is cooler than that of the wood. 독연3-11

많은 사람은 금속 온도는 나무 온도보다 더 차다고 추론할 것이다.

형 er, more 형용사가 나왔다면, 상대비교급 문장이다. 뒤쪽 than을 "~보다" 라고 먼저 해석하고, 원급을 뒤에 넣어서 해석하면, 한결 쉬워진다.

상대 비교

(형용사 er, 부사 er, more 형) than : ~보다 더 ~한
more 원급 than : ~보다 더 ~한
less 원급 than : ~보다 덜 ~한

- Judy is <u>more beautiful than</u> Jane. (than Jane = than Jane is = than is Jane)
  Judy는 Jane보다 더 아름답다.

- He is <u>less diligent than</u> she was. (≠ she did)
  그는 그녀보다 덜 부지런하다. (앞에 is가 있기 때문에 뒤에도 was가 나와야 한다. did는 올 수 없다.)

- John is <u>two inches taller</u> than Tom.
  John은 Tom보다 2인치 더 크다

- <u>Many more</u> people are living in a suburb these days.
  훨씬 많은 사람들이 요즘에 교외지역에서 살고 있다. <u>(가산명사의 비교급 강조)</u>

- Nothing is <u>more precious than</u> time, yet nothing is <u>less valued (than time)</u>.
  시간만큼 귀중한 것도 없지만, 시간만큼 인정받지 못하는 것도 없다. (비교급의 부정의 최상급이다.)

01. If we can see the study as an experience as natural as night following day, we will find more contentment than if we try to pretend that night will never come. 수능기출

02. Talk to your admirers, but listen, understand, and even love the observations of a true professional. There is nothing more beneficial to your growth than the brutally honest words of someone who knows. 독연4-3

03. Perhaps the major therapeutic power of play that has been described in the literature is its communication power. In play, children are able to express their conscious thoughts and feelings better through play activities than by words alone. 수특26-5

04. This same mental model is not nearly as reliable in a world where cause-effect relationships hide beneath the immediately visible surface and are far more ambiguous than those that dominate a straightforward life of surviving on the open grasslands. 수특T1-14

05. Global warming will be a much greater threat in 20 years than it is today. Changes in the atmosphere have never occurred as rapidly as they do now. 수특3-6

06. It is worth remembering that each baby born in the USA today will consume eighty times more resources in their lifetime than a baby born today in India. E연계기출

07. Children therefore need to make much more of an effort to strengthen and maintain relationships with their peers than with their siblings and parents — or any other adult, for that matter. 수특2-1

08. Another study, however, found that overweight people on low-fat diets who increased or changed their daily activities were better able to maintain weight loss than those in a tough physical program. This is perhaps because lifestyle changes are easier to stick with than exercise programs for which you must set aside time. 수능기출

EBS 명문장과 수능기출명문장으로 해석에 날개를 달고 만점에 도달하자.

10-3. 다함께 더비더비(the 비교급*2)

수능영어 고득점자들은 입체형 해석을 잘합니다!

입체형해석

The longer **the journey is,** the more expensive **the ticket is.**
= The longer **the journey,** the more expensive **the ticket.**

여행이 더 길어지면 길어질수록, 표는 점점 더 비싸진다.

~하면 할수록 ~하다 의 뜻으로, 비교를 통해 주제문을 나타내는 문장의 형태이다. 더 비교급의 형태를 해석을 할 때는 뒤에 이어지는 문장에 형용사가 들어갈 곳을 잘 찾아서 해석을 한다. 가령, 윗 문장에서는 the journey is long 으로 문장을 바라보면 해석이 한결 쉬워진다. 만약 부사의 경우에는 그냥 직선형으로 해석하면 된다.

개념 완성

- <u>The harder</u> you study English, <u>the easier</u> it will be.
  네가 더 열심히 영어를 공부할수록 그것은 더 쉬어진다.

- <u>The richer</u> he became, <u>the more</u> he wanted.
  그가 더 부자가 되면 될 수록, 그는 더 많이 원한다.

- <u>The more dangerous</u> it is, <u>the more</u> I like it.
  그것이 더 위험할수록, 나는 더 많이 그것을 좋아한다.

- <u>The older</u> our body grow, <u>the weaker</u> our muscle becomes.
  우리의 몸이 더 나이를 먹을수록, 우리의 근육은 더 약해진다.

- <u>The more polluted</u> our atmosphere becomes, <u>the less hope</u> we have for the
  next generation.
  우리의 대기가 더 오염되면 될수록, 우리는 다음 세대를 위해 더 적은 희망을 갖는다.

- <u>The more sociable</u> a person was, the less subject he was to contagion. ^{수능기출}
  더 사교적인 사람일수록, 그는 감염되기 쉽지 않다. (be subject to 영향받기 쉬운)

- <u>The more uncertain of success or easily sidetracked</u> you are, <u>the more likely</u> it
  is that you will do an assignment or chore later. 수능기출
  당신이 성공에 대해서 더 불확신하고, 쉽게 이탈하면 할수록, 당신이 과제나 일을 더 나중에 하는 것은 더 가능하다.

01. Surprisingly, though, the more one widens the road, the more congested the road becomes.
E연계기출

02. The more the biter associates the act of nail biting with the temporary relief it provides, the harder it becomes to change the conditioned response. 독연 15-22

03. The more genuine he feels he can be with you, the more he'll be free to express his vulnerability and the Stronger he will become. 수특3-7

04. Maintaining information in your short-term memory requires a lot of attention. The more you are able to focus on task-relevant information and ignore distractions, the better your memory performance will be. 수특6-1

05. In movie, the more these details are solidified in a certain way, the more the film-maker invades the audience's domain, and confines the reader's imagination to what is presented to them by others. 수능기출

06. The more pervasive a particular model is — in advertisements, television programs, movies, magazine articles, educational materials — the more influence it has. People do not freely choose the models they adopt. 수특15-5

07. When others are around, people tend to assume that someone else will do something to help the victim. Contrary to what seems logical, the larger the number of bystanders, the less likely people are to help. 수능기출

08. So far as you are wholly concentrated on bringing about a certain result, clearly the quicker and easier it is brought about the better. 수능기출

개념 특강

비교급 강조 표현

비교급 강조할 때 much, far, still, a lot, 복수명사 일 때는 many 등을 쓴다. 최상급의 강조는 by far 이다.

- She is <u>far</u> more tolerant than I am. (≠ than I do)
  그녀는 나 보다 훨씬 더 잘 참는다.

- He studies <u>much</u> harder than I do.
  그는 나보다 훨씬 더 열심히 공부한다.

- Friends are <u>even</u> more important than ever.
  친구들은 여태까지 보다 훨씬 더 중요하다.

- There are <u>many</u> more people than ever.
  예전보다 훨씬 더 많은 사람들이 있다. (셀 수 있는 복수명사는 many로 비교급을 강조할 수 있다.)

- I'll need <u>a lot</u> more paper.
  나는 훨씬 더 많은 종이를 필요로 할 것이다.

비교급의 관용적인 표현 1

no more than : 단지 (=only)
not more than : 기껏해야, 많아야 (= at most)
no less than : ~만큼이나 (=as much as)
not less than : 적어도 (=at least)

- She has <u>no more than</u> ten dollars. (= only)
  그녀는 단지 10달러만 가졌다.

- She has <u>not more than</u> ten dollars. (= at most)
  그녀는 기껏해야 10달러를 가졌다.

- She has <u>no less than</u> ten dollars. (= as much as)
  그녀는 10달러 만큼 가졌다.

- She has <u>not less than</u> ten dollars. (= at least)
  그녀는 최소한 10달러를 가졌다.

비교급의 관용적인 표현 2

[~은 말할 필요도 없이] 의 표현
긍정의 의미 + much(still) more
부정의 의미 + much(still) less
긍정문 , 부정문 + let alone, to say nothing of, not to speak of , not to mention

- He loves his enemies, much more his friends.
  그는 친구는 말할 필요도 없이, 적도 사랑한다.

- He does not speak English, much less Spanish.
  그는 스페인어는 물론 영어도 말하지 못한다.

양자부정 – A is no more B than C is B[D]   A가 B가 아닌 것은 C가 B(D)가 아닌 것과 같다.

- A whale is no more a fish than a horse is.
  고래가 물고기가 아닌 것은 말이 물고기가 아닌 것과 같다.

- Work is no more the end of life than play is.
  일이 삶의 목적이 아닌 것은 놀이가 삶의 목적이 아닌 것과 같다.

비교급의 원급 생략 그리고 도치

원급의 두 번째 as 다음에, 그리고 비교급의 than 다음에 주어와 동사가 도치되기도 한다.

- James read more books in his school (than Alice).
  제임스는 그의 학교에서 앨리스보다 더 많은 책을 읽었다.

= James read more books in his school than Alice did.
= James read more books in his school than did Alice.

- Actors are given more awards (than singers).
  배우들은 가수들보다 더 많은 상들을 받는다.

= Actors are given more presents than singers are.
= Actors are given more presents than are singers.

EBS 명문장과 수능기출명문장으로 해석에 날개를 달고 만점에 도달하자.

11-1. Only, 장소에 의한 도치 해석법

수능영어 고득점자들은 입체형 해석을 잘합니다!

Among those present was a soft guy called Hyun-kook.

출석한 사람들 사이에는 현국이라 불리우는 부드러운 남자가 있었다.

입체형 해석 팁 – 전치사 뒤에는 명사가 오지만, 전치사구는 문장의 주어가 될 수 없다. present를 주어로 하고, was를 동사로 해서는 안된다. 주어는 a soft guy 이다.

문장에서 강조를 하고 싶은 부분을 문장 앞에 위치 시키면서, 주어 동사의 순서가 바뀌는 도치가 발생한다. 장소가 앞으로 나오거나, only가 들어간 표현이 앞으로 올 때 도치가 발생한다. Only가 접속사가 나올 때, 접속사가 이끄는 문장이 아니라, 다른 문장이 도치가 된다.

Only를 포함한 구(절) + V + S (only after/later/then/when)

- I concluded that lawsuit <u>only after I was paid</u>.
- = <u>Only after I was paid</u> did I conclude that lawsuit

  나는 돈이 지불된 이후에나 나는 그 소송을 끝냈다.

- They know the blessing of it <u>only after people lose health</u>.
- = <u>Only after people lose health</u> do they know the blessing of it.

  사람들은 건강을 잃어버린 이후에만 그들은 건강의 축복을 안다. blessing 축복

- <u>Not only can he read English fast</u>, but also he reads it accurately.

  그는 영어를 빨리 읽을 수 있을 뿐만 아니라 그는 영어를 정확하게 읽는다.

장소부사(구) + V + S

- A man in a black coat came <u>out of the front door</u>.
- = <u>Out of the front door</u> came a man in a black coat.

  정문으로부터 검은색 코트를 입은 한 남자가 왔다.

- In the past, a man lived <u>on farms</u>.
- = In the past, <u>on farms</u> lived a man.

  과거에, 농장에 한 남자가 살았다.

도치할 때 Be동사와 조동사는 주어와 자리가 바뀌면 되지만, 타동사와 같은 일반동사는 do, does, did와 같은 조동사가 나오고 주어 뒤에는 동사원형이 남는다.

01. In the edge of the cliff lies a big statue named "the cliffs of love", which describes the two lovers hugging each other. 수능기출

02. Thus, not only are all humans not equally intelligent, but those who are truly intelligent are also not equally as intelligent in every field. 수특3-2

03. Not only would the antibiotics be ineffective for helping overcome viral infections, but the unintended consequence is that we have an increasing number of bacteria strains resistant to what were once effective medications. 독연11-2

04. Around what goes on today hangs a cloud of thoughts concerning similar things undergone in bygone days. 수능기출

05. A large oak tree can release through evaporation 40,000 gallons of water per year. Not only is this critical for the earth's water cycle, but it also cools the surrounding air and helps rainfall. 수특7-1

06. He took frequent pauses on it because he knew that only when the mind is in a restful state does it work most creatively. 수특T1-7

07. Not only is teachers' expertise narrowly defined, but they often lack any concept of how to interact with or inspire young musicians. E연계기출

08. Only when the mind has achieved a satisfactory evaluation and integration will it cease its struggle to give meaning. 수능기출

09. Not only is this new data stored electronically but it also resides in searchable databases that allow collectors to make useful lists of the types of data that interest them. 수특4-2

11-2. 보어,부정에 의한 도치와 목적어 이동

수능영어 고득점자들은 입체형 해석을 잘합니다!

Fortunate is the man who at the right moment, meets the right enemy.

알맞은 때 적절한 적을 만나는 사람은 운이 좋다.

보어인 형용사가 문장 앞으로 오면서, 주어 동사의 순서가 바뀌는 도치가 발생한다.
이럴 때는 보통 주어 뒤에 수식어구가 길게 이어진다. 목적어인 명사가 문장 앞으로 올 때는, 도치는 발생하지
않는다. 다만, 목적어를 주어로 생각했을 때, 동사가 안 보인다.

개념 완성

보어 + V + S

so 형/부 that 구문에서 so 형/부가 앞으로 나가면 주어동사가 도치된다.

- The teacher who is with such a nice student is happy.
  = <u>Happy</u> is the teacher who is with such a nice student.
    그런 멋진 학생과 함께 하는 선생님은 행복하다.

- Our joy was great when we heard that she had survived the plane crash.
  = <u>Great</u> was our joy when we heard that she had survived the plane crash.
    우리는 그녀가 비행기 사고에서 살아남았다는 것을 들었을 때 우리 기쁨은 컸다.

- I was so late that I could not watch the game.
  = <u>So late</u> was I that I could not watch the game.
    나는 너무 늦어서 그 경기를 볼 수 없다.

목적어 + S + V : 목적어만 앞으로 나가고 도치는 발생하지 않는다.

- <u>What he mentioned</u>, I can not believe.
    그가 언급했던 것을 나는 믿을 수가 없다.

- <u>Power</u> humans now get in his hands.
    인간은 지금 자신의 손에 힘을 가지고 있다.

- <u>This study of language</u> we call linguistics.
    우리는 언어의 이런 연구를 언어학이라 부른다.

1. 긍정에 대한 동의 so + V + S

- They are going to school, and <u>so are we</u>.
  그들은 학교에 가고 있고, 우리도 마찬가지다.

- They went to school, and <u>so did we</u>.
  그들은 학교에 갔고, 우리도 마찬가지다.

2. 부정에 대한 동의 neither + V + S

- He is not going camping, and <u>neither am I</u>.
  그는 야영에 가고 있지 않고, 나도 마찬가지다.

- He doesn't go camping, and <u>neither do I</u>.
  그는 야영에 가지 않고, 나도 마찬가지다.

3. 부정어(구) + V + S

- She had hardly[scarcely] left home when[before] it began to rain.
  = <u>Hardly[scarcely]</u> had she left home <u>when[before]</u> it began to rain.
  그녀가 집을 떠나자마자 비가 오기 시작했다. (<u>as soon as는 과거시제가 오지만, hardly..when은 대과거로 쓰인다.</u>)

- I didn`t seek this prize and I didn't expect it.
  = I didn't seek this prize <u>nor</u> did I expect it.
  나는 이 상을 바라지도 않았고, 기대하지도 않았다. (<u>nor이 나오면, 항상 and...not으로 바꾸어 본다.</u>)

- We do not realize the value of health until we fall ill.
  = <u>Not until</u> we fall ill do we realize the value of health.
  우리는 병에 걸릴 때까지 건강의 중요성을 깨닫지 못한다. (<u>until 뒤에는 변함이 없다.</u>)

01. Wrapped up in the idea of embracing failure is the related notion of breaking things to make them better — particularly complex things. 수특7-6

02. More controversial, but often championed as moral rights, are the rights to medical care, decent housing, education, and work. 독연8-5

03. How texts relate, as a consequence, has become dramatically magnified, making visible what hitherto has been hidden largely from view. 수특2-6

04. So central a part have stories played in every society in history that we take it for granted that the great storytellers, such as Homer or Shakespeare or Dickens, should be among the most famous people who ever lived. E연계기출

05. Turner further linked the rugged individualism of the pioneer with the ideals of democracy: "Quite as deeply fixed in the pioneer's mind as the ideal of individuals was the ideal of democracy. 수특11-4

06. Farmers had been doing the same thing with their cows, lambs and pigs. So had plant breeders when they tried to improve their crops, or produce more beautiful flowers. 수능기출

07. The learner's store of knowledge and experience certainly contributes, as does the learner's attitude toward reading. 수특T1-7

08. I think nowhere have I seen skies as blue as those of my boarding institute, Jong-ro and Etoos.

09. In all honesty, teachers would not enjoy their work environment quite as much with someone constantly looking over their shoulder, and neither do the students. 평가원기출

10. The characteristics that are claimed to distinguish the sexes are not uniform from one culture to another. Nor are the distinctions necessarily stable across historical epochs within a society. E연계기출

11. If, on the other hand, you use more calories than you take in, fat cells shrink. But in no case do your long, thin muscle fibers change into round masses of fat, or vice versa. E연계기출

12. When a rose seed first shoots up out of the earth, we don't condemn it as immature and underdeveloped; nor do we criticize the buds for not being open when they appear. 수특11-8

13. No voices now speak to man from stones, plants, and animals, nor does he speak to them believing they can hear. His contact with nature has gone, and with it has gone the great emotional energy that this symbolic connection supplied. E연계기출

SUPPLEMENTARY LECTURES

가정법에서의 If 의 생략

- <u>Should you fail</u>, they might get angry.
= If you Should fail, they might get angry.
  만약에 너가 실패한다면, 그들은 화날지도 모른다.

- <u>Were he to do such a thing in Korea</u>, he would be punished.
= If he were to do such a thing in Korea, he would be punished.
  만약 그가 한국에서 그런 것을 한다면, 그는 처벌받을 것이다.

- It is vital that all students and staff know what to do <u>should we face a wildfire</u>. 수특1-1
= It is vital that all students and staff know what to do if we should face a wildfire.
  모든 학생과 교직원이 산불에 직면할 경우 무엇을 해야 하는지를 아는 것은 지극히 중요합니다.

- We cannot allocate our attention to multiple things at once and expect it to function at the same level as it would <u>were we to focus on just one activity</u>.
  우리는 주의력을 여러 가지 일에 동시에 할당할 수 없고, 우리가 한 가지 활동에만 집중한다면 그것(주의력)이제 역할을 할 것과 같은 수준으로 제 역할을 하길 기대할 수 없다.
  　　　　　　　　　　　　　　　allocate 할당하다 multiple 다양한 function 기능(역할)을 하다

- That in itself wouldn't have been so bad <u>had it not been for the mice</u>. Mice were attracted by the food and they shredded all the curtains, screens, and cushions.
  만약 그 당시 쥐가 없었더라면, 그 상황은 그렇게 나쁘지는 않았을 것이다. 쥐는 음식에 매혹되기도 하고, 모든 커텐과 장막, 쿠션 등을 갈가리 찢었다.

수능영어 1등급을 원하십니까?

수능영어북스.com 에 놀러오세요.

꿀커리 1탄 핵이득 신택스 (SYNTAX) EBS연계수능기출명문장 구문독해집

최근 EBS수능특강, 독해연습의 명문장과 역대수능기출명문장으로 구문독해를 완성합니다.
안정적인 1등급을 원하는 수험생이라면, 꼭 읽어봐야 하는 필독서.
고득점자들의 긴 문장 해석패턴을 그대로 수록했습니다.

꿀커리 2탄 핵이득 TEXT FLOW

지문 흐름 패턴을 익혀서,
앞 내용이 생각이 안나거나, 끊기는 현상을 해결합니다.
수능기출문제의 오답률 랭킹 문항들을 글의 흐름패턴에 따라
풀어보면서, 비연계 대비를 완성합니다.

꿀커리 3탄 수능E어법 50제 – EBS연계 절대문항 어법변형 적중예상문제

수능 어법 문제는 항상 EBS연계 지문내에서 직접연계 변형 출제됩니다.
EBS연계지문 중에서 어법문제로 가능한 지문을 50문항 선별하여, 수능적중을 예상합니다.
2년 연속 6,9월 수능어법문제를 적중했으며, 2016년 수능에서는 동일지문, 동일정답까지
일치적중하였습니다. 기출 어법 개념, 문제 총정리 + EBS절대문항50제

꿀커리 4탄 수능E변 누적적중률 1위 수능적중예상 봉투모의고사

수능영어 최종정리!

최고의 적중률을 자랑하는 수능E변 – 수능과 가장 흡사한 실전문제를 풀어보는 봉투모의고사
지금 적중률을 확인하세요.

2014년 수능출제 EBS 14개지문중 8개지문 적중
2015년 수능출제 EBS 12개지문중 9개지문 적중
2016년 수능어법문제 정답까지 똑같은 동일지문, 동일정답 적중
2017년 3점지문(빈칸, 순서, 어법) 3개지문 포함 7개지문 적중

핵심을 이해하고 고득점

핵이득 SYNTAX

해설 및 어휘

핵이득 SYNTAX 해설 및 단어

1-1. 타동사란 무엇일까? (10page)

1. 모든 학생과 교직원이 산불에 직면할 경우 무엇을 해야 하는지를 아는 것은 지극히 중요합니다.

2. 하지만 귀하의 출판물의 목록을 검토한 후에 우리는 부교수로의 승진을 후일로 보류하기로 결정했습니다. publications 출판물 withhold 미루다

3. 저희 고객들의 요구에 정확하게 부응하기 위해 최상의 은행 업무 편의를 제공하려고 노력합니다. banking facilities 은행 업무 편의 needs 요구

4. 개개의 질병이 그 자체의 독특한 자연적인 과정을 가지기 때문에, 의사는 그 질병에 매우 정통해서 의사는 증상들의 순서를 예측할 수 있다. distinctive 독특한 sequence 순서, 과정

5. 관리자들이 필요한 개선을 가져 오기 위한 필수적인 지도와 도움을 제공하는 것은 훨씬 더 어렵다. administrator 관리자 assistance 도움 bring about 가져오다.

6. 자신들의 아이디어를 보호하는 데 도움을 필요로 하는 발명가들, 자본을 얻는 데 도움이 필요한 기업가들, 또는 가사(를 쓰는 것)에 도움이 필요한 작곡가들이 있다. entrepreneur 기업가 capital 자본 lyrics 가사

7. Sherif는 객관적으로 정확한 답이 없을 경우, 사람들은 스스로를 의심할 가능성이 있고, 따라서 특히 집단은 틀림없이 옳다고 가정할 가능성이 있다고 결론을 내렸다. response 응답 doubt 의심하다

8. 상담 전문가 John Cooke이 Crass씨가 던진 서류를 침착하게 집어 들어서 접수대 위에 놓았을 때, 그는 Crass와 달리 자신이 사회적으로 적절한 방식으로 행동하려고 한다는 것을 보여 주었다. place 놓다 indicate 암시하다 manner 방식

1-2. 자동사란 무엇일까? (12page)

1. 기다림(지연)에 대해 성급하고, 좌절되기 쉽다. delay 지연

2. 마침내 방송 시간이 다가오면서 Mike는 나머지 참가자들과 나란히 앉았고, 크리스마스 날 아침에 자신이 가장 좋아하는 방송 프로 중 하나가 방송되는 것을 본 아이처럼 기분이 좋아졌다. broadcast 방송 put on the air 방송되는

3. 1센트를 엄지와 검지사이에 집는 것은 어렵다. 그리고 그 보답은 노력에 비해 가치가 없는 것처럼 보인다. thumb 엄지 reward 보상 seem ~처럼 보이다

4. John은 나를 나의 형으로 오해하는 것처럼 보인다. 우리가 서로 많이 닮아서 (타동사 resemble)

5. 당신과 대화를 나누는 사람들은 그들이 (그들의 이야기가) 들려지고, 경청되어짐을 느낄 때 당신주위에서 훨씬 편안하게 됨을 느낄 것이다. communicate 대화하다

6. 분명히, 춤을 추는 의식은 선사 시대의 종족들에게는 에너지의 낭비로 보이지 않았다. prehistoric 선사시대의

7. 따라서 인류학자 Victor Turner가 춤을 추는 의식을, 가끔 일어나거나, 지엽적이거나, 또는 초기 단계의 지위로 귀속시킨 것은 선사 시대의 경우에는 특히 정당하지 않은 것 같고, 선사 시대의 우선사항보다는 오늘날 우리가 사는 산업 시대의 생산 지향적인 사고방식을 더 잘 나타내는 것 같다. attribution 귀속 occasional 가끔 일어나는 marginal 지엽적인 unjustified 정당화되지 않는 production-oriented mentality 생산 지향적인 사고

1-3. 수동태 바로알기 (14page)

1. 상상할 수 있는 모든 매체로부터 상품이나 서비스에 대한 정보가 소비자들에게 퍼붓어진다. bombard 퍼붓다 imaginable 상상할 수 있는

2. 미국의 부모들은 제조되어 가게에서 구매되는 장난감이 자기 자녀의 발육에 중요하다고 믿도록 가르침을 받는다. manufactured store-bought 제조되어 가게에서 구매되는

3. 기업체 간부들은 창의적으로 이야기를 만들어 내는 사람이어야 한다는 말을 점점 더 많이 듣는다. 즉, 그들은 자신들의 제품과 브랜드에 대하여, 정서적으로 소비자들의 관심을 끄는, 흥미를 강하게 돋우는 이야기를 만들어 내야 한다는 것이다. executive 경영자 spin 만들다 compelling 강한 흥미를 이끄는

4. 여러분에 대한 방대한 데이터 라이브러리는 항상 다시 보충되고 있다. 이러한 진전은 이런 모든 데이터를 포착하고 저장할 수 있는 컴퓨터와 특히 2000년대 초반 동안 데이터 저장 용량 가격의 급작스러운 하락에 의해 가능해졌다. supplement 보충하다 store 저장하다

1-4. 콤마와 병렬 (16page)

1. 많은 사람이 같은 경험을 공유하고, 같은 책을 읽고, 또는 같은 강의를 들을지도 모르지만, 사고와 학습은 각자가 그 경험으로 가져오는 것 때문에 개인마다 다르다. from individual to individual 개인마다

2. 영화 제작은 영화가 감자칩과 같은 상품도 안정적인 사업도 아니므로 본질적으로 위험한 사업이다.

3. 표현적, 수용적 언어 능력의 발달상의 한계, 제한된 어휘지식, 그리고 추상적 사고력에서의 한계는 어린아이들이 효과적으로 의사소통을 하는 데 어려움을 야기한다. receptive 수용적인 vocabulary 어휘

4. 학생들은 자신들에게 부과된 등장인물의 역할을 맡는 것에서부터 다른 생명체 및 외계의 환경과 상호작용하는 것에 이르기까지 자신들의 상상력과 창의력을 무수한 방법으로 발휘한다. exercise 발휘하다 countless 수많은 assigned 부관된 interact 상호작용하다

5. 유효한 법 집행을 포함하여 변경 지대에서의 공식적인 정부의 부재는 또한 의심의 여지없이 독립심과 자립심에 기여했다. frontier 국경지방 enforcement 시행 self-reliance 자립심

6. 정치 분석가들은 대통령 선거를 유력한 정치인들과 그들의 생각 사이의 경쟁으로 간주할 뿐만 아니라 또한 그 나라의 과거와 미래에 관한 상반되는 이야기 간의 경쟁으로 간주하기도 한다.

1-5. 콜론(:)과 세미콜론(;) 그리고 대시(-) (18page)

1. 영향력 있는 사회심리학자인 Daniel Kahneman은 무의식적인 체계와 의식적인 체계라는 인간의 정신에 있는 두 가지 체계의 사고방식을 직관 대 추론으로 기술하는 것을 선호한다. describe 묘사하다 automatic 자동화된 conscious 의식적인 intuition 직관 reasoning 추론

2. 알려져 있는 모든 문화는 성 범주에 의미를 부여하는데, 이러한 의미는 여성과 남성 사이의 사회적 차이를 만들어 내고 그것을 유지하는 데 도움이 된다. category 범주 social distinction 사회적 차이

3. 통조림 가공은 1809년에 개발되었고 나폴레옹 전쟁의 산물이었다. 그 가공은 가열 살균 처리된 식품이 상하지 않고 더 오랜 기간 동안 저장될 수 있게 해 주었다. product 산물 heat-sterilized food 가열 살균 식품 spoiling 부패

4. 이러한 자기방어기제는, 매우 널리 퍼져 있는 농담 이해 능력과는 달리, 모든 인간에게서 모습을 나타내지 않는다. mechanism 장치 widespread 널리 퍼지다

5. 경제적인 유인 자극은 무시하기에는 정말 너무 강력했는데 종이를 사용하면 정보를 기록하고 보관하고 옮기는 데 비용이 훨씬 적게 들게 되었다. incentives 유인(동기) transport 옮기다

6. 그러므로 우리가 적응 과정에서 유일하게 의지할 수 있는 것은 학생들을 융통성 없이 협동적이거나 경쟁심이 강하거나 개인적이 되지 않고 적응력 있게 융통성이 있도록, 즉 폭 넓은 사회 상황과 각각의 상황에 적절한 행동 유형을 인식하도록 준비시키는 것이다. adaptive 적응의 rigidly 엄격하게 cooperative 협동적인 flexible 융통성 있는 appropriate 적절한

5. 어린 아이들로 하여금 새끼고양이와 고양이들을 드는 것을 말려라 왜냐하면, 그들은 그들을 너무 세게 배 부분을 쥐어짜서, 고양이들이 옮겨지는 것을 싫어하게 만들지도 모른다. 대신에 고양이가 아이의 무릎에 올라가도록 격려하고 거기에서 만져지도록 유지해라. squeeze 쥐어짜다 pet 만지다

6. 우리는 단념된 물건을 마음속에서 치우지 않기 때문에 우리는 우리가 생각했지만, 선택을 하지는 않은 모든 선택에 의해 만족감이 줄어들게 된 실망감을 경험한다.

7. 너의 주제와 관련된 다큐영화를 보아라. 너의 마음의 추론하는 부분을 영감을 얻고 호기심을 갖도록 만들기 위해 필요로 하는 그 무엇이라도 해라. reasoning 추론 portion 부분 inspired 영감을 받은

1-6. 5형식 목적격보어의 여러가지 모양 (20page)

1. 예절은 다른 사람과 함께 사는 것을 조금 더 편안한 경험으로 만든다.

2. 어떤 주장이 반복해서 되풀이되는 것을 우리가 들어왔다는 사실로 인해 그것이 올바른 것이 되지는 않는다.

3. 한 연구는 물건을 사는 일에서 시간적으로 서둘러야 한다고 느끼거나 시간상 어떤 종류의 제한이 있는 쇼핑객들은 자신들의 경험을 여유로운 것으로 생각하지 않는다는 것에 주목했다. retail pursuits 물건 추구(구매)

4. 작가들은 일시 해고된 사람들이 좌절되고 낙담할거라 기대했지만, 대신에 그들은 그들이 엄청나게 회복력이 있다는 것을 발견했다. lay off 일시해고하다 resilient 회복력이 있는

5. 기술의 진보는 구직을 효율적이지만 비인간적인 과정으로 만들었다. 우리의 개성은 가려지고 우리의 삶과 성취는 우리의 이력서로 축소되는데, 그것은 단 한 번의 클릭으로 불합격 처리될 수 있는 두어 장의 서류이다. impersonal 비인간적인 overshadow 가리다 (그늘지게 하다) resume 이력서 reject 거절하다

6. 사람이 해외여행을 하고, 완전히 다른 습관과 행위의 기준이 지배적이라는 것을 발견할때 그는 관습의 힘을 이해하기 시작한다. prevailing 지배적인

7. 이런 파리들이 위험 요소이다. 왜냐하면, 파리들은 더러운 것과 우유를 좋아하고, 최근에 방문되었던 더러운 오염물질에 몸통과 다리를 오염시킨 이후에 우유에 도달하기 쉬워서, 오염물질을 우유로 옮기기 때문이다. 파리는 또한 소를 괴롭힌다. 그리고, 소들을 긴장하게 만듦으로써 소들의 우유 양을 줄인다. filth 오물(더러운 것) liable ~하기 쉬운 contaminate 오염시키다 irritate 괴롭히다

1-8. 5형식 지각동사와 Help 동사 (24page)

1. 나는 유럽인의 자유가 기초를 두고 있는 것처럼 보였던 근거가 파괴됨을 목격했다.

2. 아주 소수의 사람들과만 의논한다면, 여러분은 지나치게 편협한 시각을 얻게 되어 여러분 자신의 관점을 형성하는 데 도움이 될 수 없을 것이다. perspective 관점

3. 우리는 전에 행해져온 연구로부터 혜택을 보기 때문에 '거장들의 어깨 위에 설' 뿐만 아니라 우리가 연구를 개선하고 실수를 피하도록 도움을 주는 과학 공동체 내의 다른 많은 사람들에게 의존한다.

4. 적절하게 돈을 버는 사람은 연봉이 높은 TV스타나 뉴스케스터에 대해 부러움을 느끼고, 그 유명인사의 수입이 재분배되는 것을 보기를 원할지도 모른다. modest income 적절한 연봉 redistribute 재분배하다

5. 극심한 갈등 상황 속에서도 다른 사람들이 그들의 뇌의 이성 담당 부분과 계속 연결되도록 조치를 취하는 것은 분노 속에서 행해진 행동의 영향을 최소화하는 데 도움을 준다.

2-1. 수식을 잘 하기 위한 워밍업 (28page)

1. 그의 일은 그의 감독관으로부터의 요청을 신경 쓰는 것이다. supervisor 감독관

2. 너의 컴퓨터 시스템을 업그래이드 하는 목적은 시장에서 우리가 경쟁적인 강점을 유지하게 돕는 것이다. edge 장점

3. Tom이 완성된 물건을 만드는 데 보통 일주일이 걸린다.

4. 죽음에 의해 정복된 로미오와 줄리엣은 그들의 사랑에서 죽음보다 더 강한 것처럼 보인다. conquer 정복하다

5. 빠르고 정확하게 타자를 치는 능력은 가치 있는 기술이다. valuable 가치있는

6. 우리는 모든 시민이 개인 정보를 안전하게 할 권리를 완전히 행사할 수 있는 것을 확실히 하기 위한 더 효과적인 방법을 필요로 한다. make sure 확실히 하다 exercise 행사하다 secure 안전하게 하다

7. 해외 투자가에 의해 구매되어진 재산에 적용되어지는 두 가지 세법이 있다. apply 적용하다 purchase 구매하다

1-7. Make & 사역동사 Let, Have, Make (22page)

1. 그는 나를 방문하러 와서는 내 아들인 Danny가 고등학교 시절의 마지막 해에 해당하는 기간 동안에는 자신과 함께 살게 해 달라고 나를 설득했다. convince 확신을 주다

2. 상황에 따라서, 나는 나의 짜증을 보여줄 수 있지만 대개 그것을 속으로 감추고 그 사람에게 그가 하고자 하는 말을 하게 해준다.

3. 자신들의 두려움에 맞설 수 있고 이러한 두려움이 자신들이 행동을 취하지 못하도록 막는 것을 허용하지 않는 능력이 있기 때문에 그들은 용감하다. courageous 용기있는

4. 어떤 사람이 Harry 삼촌, 오랜 친구 Mary나 우리 동네 식품점의 계산원을 닮았다는 단순한 사실은 그나 그녀가 친숙하고, 그렇기 때문에 덜 위협적으로 보이게 만들기에 충분하다. threatening 위협하는

2-2. 주격 관계대명사 who, which (that) (30page)

1. (경쟁에서) 질 수도 있다는 것에서 생기는 걱정은 일을 제대로 해내는 것을 방해한다. arise 발생하다 interferes 방해하다

2. 끊임없이 어른의 말을 가로막거나 늘 자신에게로 관심을 끌어야 하는 아이는 자기 주변 사람들에 대해 충분히 생각하고 있지 않은 아이이다. interrupt 방해하다 draw attention 관심을 끌다

3. 때를 가리지 않고 계속 고집스럽게 헤비메탈 음악을 틀어 놓는 나의 이웃 또한 국지적인 환경 문제를 야기한다. insist 주장하다 all hours 하루종일

4. 글로 적어둔 적이 없는, 소멸 위기에 처한 많은 언어의 경우에, 그 언어가 말로 사용되는 것이 중단될 때 지식의 모든 영역이 소실될 가능성이 있다. endangered 위험에 처한 put down 기록하다 domain 영역

5. 환기를 제공하기 위해 놓여 졌던 창문들은 재배치되고, 집을 시원하게 도움을 주었던 큰 문들은 제거되었다. place 놓다 ventilation 환기

6. 공중의 안전과 선박의 안전은 즉각적으로 해결되어야 하는데 잠재적인 안전의 위험 요소를 통제하거나 관리하기 위해 취해져야 하는 필수적인 조치들에는 경제적으로 많은 비용이 들어갈 수 있다. vessel 선박 address 처리하다 take action 조치를 취하다 hazard 위험 costly 비용이 많이 드는

7. 목적지 선택은 국내와 해외로 가는 관광을 크게 구별하는 중요한 특성이다. attribute 특징 differentiate 구별하다 inbound 국내 outbound 국외

8. 이것은 그 자체로 목적이 되어, 계획된 목표를 숙달하는 것 이외에 개인에게 거의 아무것도 요구하지 않는 장난감, 게임, 그리고 수업에서 전형적인 사례를 보여 준다. exemplify 예를 들다 in and of themselves 그 자체가 other than ~이외에

9. 은퇴 후에 사람들은 자신들의 돌봄을 그만두라고 권고를 받는다. 그것은 위험한 거래일 수 있다. 무엇인가를 돌보는 일을 그만두는 사람은 희망 없음 또는 무력감이라는 증후군을 향해 첫발을 내디딘 것일지도 모른다. 그리고 노년에 가장 잘 대처하는 사람들은 매일매일 돌봄의 행위, 특히 애완동물과 정원처럼 살아 있는 것에 주는 돌봄 같은 가장 만족감을 주는 행위를 계속하는 사람들이다. urge 권고하다

2-3. 주격 관계대명사 해석법 2 (32page)

1. 다행히, 작가들이 다른 사람들이 자신들의 작품을 도용하는 것을 막을 수 있게 해 주는 강력한 저작권법이 있다. copyright law 저작권법

2. 물질적으로 가장 궁핍한 부모조차도 건강한 아이들을 기를 수 있도록 한 행동을 그들이 발견할 수 있다면, 그 영향은 엄청날 것이었다. materially deprived 물질적으로 박탈당한, 가난한 implications 영향 tremendous 엄청난

3. 우리는 공평무사함이라는 도덕률과 부모의 특별한 의무라는 두 가지 생각을 모두 유지할 수 있는 어떤 방법을 찾을 수 있을까? 우리는 그것들이 서로 양립할 수 있게 만들어 주는 방식으로 그것들을 이해할 수 있을까? 알고 보면, 이것은 어렵지 않다. impartiality 공평무사(공평함) obligations 의무 compatible 양립 가능한

4. 직원이 업무 수행을 개선하는 데 정말로 도움이 될 수 있는 피드백을 받기 위해서는, 피드백이 규칙적으로 그리고 더 자주 제공되어야 한다. regular 규칙적인 frequent 빈번한 basis 토대(기초)

5. 우리는 기후를 우리에게 유리한 방향으로 변화시킬 수 있는 방법을 배우거나 또는 우리가 다른 환경에서도 생존 가능하게 해 주는 기술을 개발해야 한다. in our favor 우리에게 유리하게

6. 지진과 화산과 같은 주요한 지구의 사건을 제외하고는 미생물과 박테리아와 관련이 안 되는 지구의 사건은 거의 없다. Outside of ~를 제외하는 planetary 지구의 be involved with ~ 와 관련된 microorganisms 미생물

7. 과학자가 외부인을 흔히 어리둥절하게 만드는, 실패에 대한 인내심을 지니고 있는 것과 마찬가지로, 훌륭한 기술자는 때때로 기술자가 아닌 사람을 놀라게 하는, 물건을 고장 내는 일에 대한 존중감을 지니고 있다. break 부수다 just as ~처럼 patience 인내심 puzzle 어리둥절하게 하다

2-4. 주격 관계대명사의 생략의 발견 (34page)

1. 광고주는 자신의 메시지에 필시 우호적으로 영향을 받을 소비자로 구성되는 광고 대상자의 관심을 끌려고 한다. 텔레비전 방송과 같은 대중 매체는 규모가 크고 비교적 획일적인 시청자의 관심을 끄는 데 매우 효과적이다. consist 구성되다 favorably 우호적으로

2. 다시 말해, 좋게 생각되는 냄새는 의식에서 빠르게 사라지고, 반면 유해하게 생각되는 냄새는 계속 우리의 주의를 끌고 강하게 남아 있다. odor 냄새 consciousness 의식

3. 자전거 타기는 위험한 운동에 흔히 익숙하지 않은 사람들에게 있어 건강을 증진시킬 수 있는 현명한 선택이다. sensible 현명한 be accustomed to ~익숙한

4. 예를 들어, 검사를 하는 사람들이 들이는 시간과 노력 그리고 그들이 만들어내는 검사 보고서의 수를 생각해 보라. expend(=spend) 소비하다 inspection 조사

5. 장미라고 불리우는 꽃은 자신의 번식에 필요한 수분자들을 이롭게 하기 위해 온도를 조절한다. regulate 규제하다 benefit 이득을 주다 reproduce 재생산하다 pollinator 수분자

6. 대체 이론은 기억 속에 들어온 신정보가 이미 저장된 구 정보를 대체한다고 주장한다. 이 이론을 지지하는 연구는 거짓 정보가 사람들의 원래 기억을 대체한다는 것을 보여 준다. replacement 대체 misleading 거짓의

7. 허리케인의 근본적 성격을 이해하고 싶은 기상학자는 그것을 실험실에서 할 수 있는 것이 아니라, 폭풍이 세차게 불어 시골 지역을 통과해 갈 때 바람과 비를 측정해야 한다. meteorologist 기상학자 nature 본성, 특징 tear 찢다

8. 검증받고 있는 가설이 이후의 이의 제기를 견디지 못하면, 소비자들은 그저 과학의 일반적인 과정에 불과한 것에 대하여 배신감을 느낀다. hypothesis 가설 betray 배신하다

2-5. 목적격 관계대명사 해석법 (36page)

1. 우리가 한 과학적 발견들은 우리의 삶에 부와 깊이를 더한다.

2. 또한 사람이 골라 선택할 수 없는 가족 관계와는 달리, 또래 관계는 비교적 쉽게 형성되고 꼭 그만큼 쉽게 깨질 수 있다. unlike ~와 다른 peer 동료

3. 초등학생들이 매일 보는 TV프로그램들 가운데에서 그들이 가장 즐기는 프로그램은 "포켓몬" 이다.

4. 실제로, 벤처 투자가는 사업체에서 그들이 찾는 가장 중요한 자질이 아이디어가 아니라 (일을 함께 하는) 팀이라고 말한다. venture capitalists 벤처 투자가

5. 두뇌는 공부하는 것이 두뇌가 해야 할 모든 것일 때 적절하게 공부하는 것을 꺼릴지도 모른다. reluctant ~을 꺼리는 be supposed to ~하기로 되어있다.

6. 한 상표의 '(마음속에 정해진) 위치'는 해당 소비자가 경쟁 상표들과 비교해서 해당 상표와 연관 짓는 인식, 인상, 그리고 느낌의 복잡한 집합이다. perception 인식 associates A with B 연관짓다

7. 자기 고백은 다른 사람들이 그들의 힘으로는 발견할 가능성이 없는 개인에 관한 사적인 정보를 드러내는 것이다. Self-disclosure 자기고백 reveal 들어내다 unlikely 불가능한 on their own 그들 스스로

8. 인생이 여러분에게 가져다주는 교훈들을 받아들일 때, 여러분은 진정한 자아와 목적을 찾아가는 중대한 발걸음을 내딛게 된다. take step 단계를 밟다 end 목적

9. 그녀는 또한 한 참여자가 다른 참여자를 만날 때 별명이 개성을 들어내는 최초의 표시라는 것을 지적한다. 그것은 첫 인상을 주는 역할을 하고 참여자가 인터넷에 나타내고 싶어 하는 '얼굴' 모습을 보여준다. further 더 심한 point out 지적하다 individuality 개성 encounters 우연히 만나다 participant 참가자 serve as ~로서 역할을 하다 first impression 첫인상 present 주다, 발표하다

10. 일정한 시간을 거쳐 오면서 사회적인, 법적인, 종교적인, 그리고 다른 의식들을 위한 장소를 제공한 건물들은 우리가 나중에 인식하고 그러한 건물들의 기능과 결부시키게 된 형태로 발전해왔다. house 거처를 제공하다 ritual 의식 subsequently 나중에 come to 되다

11. 우리의 세상은 빠른 속도로 변화하고 있으며 (이에 대해) 우려하고 있는 교육자로서 우리는 더 이상 우리의 학생들이 성인으로서 맞이하게 될 사회적 생태계의 유형을 확신을 가지고 예측하지 못한다. concerned 걱정하는 predict 예측하다 social ecology 사회적 생태계

12. Laurence Thomas는 '부정적인 감정' (없으면 우리가 더 행복할 것이라고 믿을 이유가 있어 보이는 감정들인 슬픔, 죄책감, 분개함, 분노와 같은 감정들)의 유용성이 그것들이 사랑과 존경심과 같은 그런 성향적인 감정에 대한 일종의 진실성을 보장해 준다는 점에서 찾을 수 있다는 것을 암시했다. utility 유용성 sentiment 감정 resentment 분노 guarantee 보장 authenticity 진실성 dispositional 성향의

13. 아마도 기념품이 진짜라는 것을 결정하는 데 가장 큰 영향을 주는 것은 의미 부여의 과정에서 관광객 스스로가 상품에 부여하는 의미일 것이다. influential 영향력 있는 souvenirs 기념품 assign 부여하다 merchandise 상품 attribution 특징

14. 많은 아이디어를 갖고 있지만 (그 아이디어를) 끝까지 발전시키지 못하는 사람을 여러분은 알고 있는가? 이러한 사람들은 그들이 실행하도록 도울 협력자들이 필요하다. 아무도 보지 않는 걸작을 그리는 화가들은 어떤가? 그들은 그들이 판촉을 할 수 있도록 도울 협력자가 필요하다. implement 실행되다

15. 그의 머리띠에 꽂혀 있는 깃털은 낡고 햇볕에 바래 있었는데, 오래전 그가 Jim-Bob에게 주었던 것과 매우 비슷했고 그날 Jim-Bob이 그 자신의 모자에 달고 있던 것과 같은 피란색 깃털이었다 feather 깃털 weather-beaten 낡은

16. 그뿐만 아니라, 우리는 우리가 열정을 가질 수 있는 직업을 찾으라는 점점 더 많은 압력에 직면하지만, 어떻게 그것을 성취할지에 대한 아무런 충고도 받지 못한다. 우리는 공허함을 느끼고 우리가 가진 것에 의해 충족감을 느끼지 못하면서, 유토피아를 찾고 있게 된다. On top of all that 그뿐 아니라 passionate 열정적인 unfulfilled 충족감을 못 느끼는

17. 그러한 매체는 거의 모든 가구가 사용할 가능성이 있는 비누, 옷, 식품, 또는 소매서비스와 같은 제품을 판매하는 광고주에게 있어 유용한 수단이다. foodstuffs 식품

18. 너의 좋은 행동이 너에게 끼치는 긍정적인 영향은 선행이 받는 사람에 의해서 잊혀진 후에도 오래 지속된다. last 지속되다 recipient 수혜자

19. 고래들을 수생 생물 공원에 가두어 놓고 사람들이 즐거워하는 재주를 공연하게 하는 것은 그들을 우리 자신의 창작품으로 다시 만들어내려고 하는 것이다.

20. 대부분의 사람들은 그들의 잠재력의 작은 부분만을 깨닫는다. 그들은 그들이 하고자 하는 진보를 하지 않고, 할 수 있는 진보도 하지 않는다. capable ~할 수 있는

2-6. 목적격 관계대명사의 생략의 발견 (40page)

1. 우리가 잡초로서 언급하는 그런 식물들은 종종 이롭다. refer to A as B : A를 B로서 언급하다 weed 잡초 beneficial 이득이 되는

2. 어느 누구도 음악이 우리의 삶에서 하는 역할을 부인할 수 없다. deny 부정하다

3. 만일 여러분이 문자 체계로 기록되지 않은 언어, 즉 여러분의 자녀나 손자가 다른 언어를 선택하면서 포기해버린 언어로 말하고 있다면, 정말 여러분이 지닌 특별한 능력(그 언어 사용능력)을 간직한 채 무덤으로 갈지도 모른다(그 언어도 소멸될지도 모른다). in favor of ~을 선호하여

4. 양심은 혼자서 성숙되지 않아서 양심을 구축하는 일은 우리의 일이다. 그것은 부모들이 매일 매일, 해마다 노력을 할 필요가 있는 과정이다. inner voice 내면의 목소리 conscience 양심

5. 미래를 다룰 수 있고 미래가 지닌 변화를 다룰 수 있는 사람들은 변화를 두려워하지 않고 융통성을 실행하는 사람들이다. be capable of ~할 수 있다 deal with ~을 다루다 flexibility 융통성, 유연성

6. 시간이 흐르면서 다른 사람과의 이런 종류의 연결은 한 조직 내의 사람들이 새로운 기회를 발견하기 위해 필요로 하는 종류의 어떤 영역 내에서의 깊은 경험을 제공할 수 있다. territory 영역

7. 대기와 우주 사이에서 연속적으로 발생하는 에너지 교류는 우리가 날씨라고 부르는 효과를 만든다. occur 발생하다 atmosphere 대기권

8. 그러므로 아이들이 자기들의 차이를 해결하기 위해 사용하는 전략은 그들이 상대편을 좋아하는 정도에 따라 다르다. (친한 친구면 금방 풀리지만, 그렇지 않다면, 경찰이 올 수도 있다.) strategies 전략 depending on ~에 따라서 opponent 상대방

9. 실생활이라는 무대 위에서 당신이 만들어 내는 모든 신체적인 움직임은 당신의 인생이야기를 무의식적으로 모두에게 말하도록 합니다. 사람들도 인간의 의식 아래쪽에 있지만 매력을 끌거나 불쾌하게 할 수도 있는 엄청난 힘을 가진 움직임을 만들고 (남의 움직임을) 알아챈다. subconsciously 잠재의식적으로 detect 탐지하다 consciousness 의식 tremendous 엄청난 offend 공격하다

10. 매우 익숙한 모든 현상과 마찬가지로 우리는 습관을 물고기가 자신이 살고 있는 물을 당연히 여기는 것처럼 당연하게 여긴다. phenomena 현상들 take A for granted A를 당연시 여기다

2-7. 전치사+관계대명사의 해석법 (42page)

1. 타이타닉호가 빙산과 충돌하게 된 실수의 정확한 전후 관계가 충분히 설명된 석은 없다. sequence 전후관계(인과관계) collide 충돌하다

2. 하지만 (사회적) 교환이 불공정하다고 여겨지면, 사회 구조는 불안정해질 가능성이 있다. 한 사람이 지속적으로 다른 사람을 도우며 보답으로 감사를 기대하지만 (그것을) 받지 못하는 친구 관계는 짧게 끝날 가능성이 있다. exchange 교환 constantly 지속적으로 gratitude 감사

3. 많은 사건들이 충분히 이용되지 않으면, 통계자료가 타당한 일반화를 이끌 수 있는 범위는 제한된다. sufficient 충분한 statistics 통계자료 the extent 범위 valid generalization 타당한 일반화

4. 게다가 여러 사회는 다양한 정도로 극단적인 차별을 하고, 이 차별을 시행하는 엄격함에 있어서도 다양하다. extremity 극단 distinction 차별 rigidity 엄격성 enforce 시행하다

5. 비합리적이지 않은 그 어떤 행위도 합리적이라고 여겨지는데, 즉, 여러분이나 여러분이 좋아하는 사람들에게 해로운 결과를 가져다주지 않는(가져다줄 것이라 여겨지지 않는) 그 어떤 행위도 합리적인 것이다. irrational 비합리적인 count as 여겨지다 consequence 결과 rational 합리적인

6. 1915년에 Building Officials Conference of America를 창립 한 Rudolph P. Miller 는 '자신들이 본의 아니게 접하게 된 건물의 건축 방식이나 배치에 대해 아무런 발언권을 가지지 못하는' 사람들을 보호하는 것에 관해 관심이 있었다. voice 발언권 construction 건설 arrangement 배치 involuntarily 본의아니게

7. 경쟁이 적응 전략인 상황이 있고, 협동이 적응성을 나타낼 수 있는 상황이 있으며, 또한 개인적인 접근법이 매우 성공적인 상황도 있다. adaptive 적응의 strategy 전략 cooperation 협력

8. 당신은 칭찬이 주어진 진짜 의미에서 그 칭찬을 받아들이지 않았기 때문에 기분이 나쁠 수 있다. compliment 칭찬

9. 예를 들어 죄 없는 시민들은 석방되는 반면에 유죄 판결을 받은 범죄자를 감금하는 것은, 대우의 차이를 정당화하기 위해 우리가 호소할 수 있는 유의미한 차이가 그들 사이에 존재하므로 (한 사람은 범죄를 저질렀고 다른 사람들은 범죄를 저지르지 않았으므로) 공평무사함을 불이행하는 것이 아니다. impartiality 공평함 imprison 투옥시키다 appeal 호소하다 justify 정당화시키다

10. 그들은 사람의 성격과 그 사람에게 일어난 일을 비교하여, 그것들이 안녕과 행복에 영향을 주는 정도를 알고 싶어 했다.

11. 사회 활동은 모방할 본보기의 역할을 함으로써 심리 상태에 간접적으로 영향을 미친다. 부모가 서로를 대하는 방식은 아이들이 사람들과 상호작용하는 데 사용하는 본보기이다. interact 상호작용하다

12. 1960년대 이래로 새로운 유전 지대가 발견되는 비율은 감소해왔고 아마도 남겨진 거대한 유전 지대는 없다. discover 발견하다 decline 감소하다 massive 거대한 oil fields 유전지역

13. 광고주들은 자신들의 제품을 홍보하는 광고 속에서 그 제품의 사소한 약점이나 결점을 언급한다. 그런 식으로, 그들은 정직하다는 인식을 불러일으켜 그 제품의 장점에 관해 더 설득력을 갖게 될 수 있다. drawback 결점 perception 인식 persuasive 설득력이 있는

14. 상당한 정도로 한 조직의 성공은 위로, 아래로, 그리고 수평으로 자유롭게 정보가 흐르는 분위기를 필요로 한다.

15. 때때로 부자가 된 사람들은 가장 행복한 시간은 그들이 생존하려 애썼던 시절들이었다고 회상한다. search 추구 pursuit 추구 struggle 애쓰다 recall 회상하다

16. 유머로부터 나오는 웃음은 사람들이 자신이 보통 분노, 그리고/또는, 두려움을 느꼈을 좋지 않은 상황에 있음을 알게 될 때 나오는데, 그 일치되지 않는 요소를 감지함으로써, 사람들은 그것을 다른 관점에서 볼 수 있다. detection 탐지 incongruent elements 일치되지 않는 요소 perspective 관점

17. 현대 문학을 다르게 만드는 것은, 현대 문학의 새로움뿐만이 아니라, 그것이 창작되고 수용되는 상황이기도 한데, 이는 곧 과거 문학에 비해 현대 문학에 매우 흥미로운 이점을 제공하는 것이다. newness 새로움 contemporary 현대의

18. 캐나다의 Douglas Coupland와 일본의 Haruki Murakami와 같은 작가들은, 분명히 그들이 성장한 문학적 전통보다는 상호 간에 더 많은 공통점을 가지고 있다고 생각될 수 있는데, 그 이유는 현대의 음악, 텔레비전과 여타 매체들이 형식과 주제 면에서 그들의 작품에 아주 큰 영향을 미쳐 왔기 때문이며, 이것들은 과거의 많은 작가들이 접하지 못했던 영향이다. thematically 주제면에서

2-8. 소유격 관계대명사 whose / of which (46page)

1. 자기 위주 편향은 많은 사람들이 개인으로서의 자신에 대하여 평가하는 것뿐만 아니라, 자신이 구성원이 그룹(자신이 속한 단체)를 평가하는 데도 영향을 미친다. self-serving bias 자기위주편향 evaluation 평가

2. 비행기로 표준 시간대를 넘을 때 사람들은 시차증을 겪을 수 있는데, 시차증이란 증상이 피로, 억누를 수 없는 졸음을 포함하는 상태이다. time zones 표준시간대 jet lag 시차증 symptom 증상 fatigue 피로

3. 광고 수입이 시청률에 달려 있는 TV 방송국의 경영진과 다르게, 영화제작자나 출판업자는 대중이 그들의 돈을 쓴다면 홍보가 그 역할을 수행했다고 여길 것이다. executive 경영자 rating 시청률 promotion 홍보

4. 삶이 사치인 사람들에게 행복은 명예와 이윤을 의미한다. 그러나 이런 두 가지 것들은 우리의 기쁨을 보증할 수 없다. 지속적인 기쁨을 위해서, 우리는 현재의 우리 상태와 우리가 가진 것에 만족하는 것을 배워야한다. negative effect 부정적인 효과 adequate social support 적절한 사회적 지지 luxury 사치 fame and profit 명성과 이득 everlasting 지속적인 content 만족한

5. 부정주의는 철학이 아니고 태도이다. 그것은 자신이 바라는 것만큼 담력이 강하지 않은 선수의 태도이다. 태도는 변할 수 있지만 우선 인식되어야 한다. Negativism 부정주의 philosophy 철학 nerves 담력

6. 색이 이상적인 상태에서 벗어나는 품목은 바로 그 동일한 색이 일반적으로 또는 다른 상황에서 환영받을지라도 매력이 없는 것으로 판정될 것이다. deviate 벗어나다 unappealing 매력이 없는 abstract 일반적인

7. 통제할 수 없는 외부 요인이 훌륭하게 계획된 팀을 망칠 수 있거나(허리케인이 모든 재고품을 막 바다로 휩쓸어 갔다) 또는 계획이 너무 불품없어서 실패가 확실해 보인 팀을 구할 수도 있다(계약을 놓고 경쟁하던 회사가 막 파산했다). Uncontrollable 통제할 수 없는 assure 확실히 하다 inventory 제고품 rescue 구하다 contract 계약 go belly-up 파산하다

8. 그의 가족이 살았던 같은 구역에 Oz의 아버지에게는 친한 친구인 Israel Zarchi가 있었는데, 그는 책이 상당히 잘 팔리는 소설가였다.

9. 회계사는 금융 장부를 기입하거나 검사하는 것이 일인 사람' 이다.

2-9. It is...that 강조구문 (48page)

1. 생산성 수준을 결정짓는 것은 바로 스트레스가 아니라 스트레스에 대처하는 방식이다. cope with 대처하다

2. 인격이 자주 공격받아 회복될 수 없을 정도로 상처를 입게 되는 때가 바로 자기 회의적인 중학교 기간 동안이다. assault 습격하다 beyond repair 수리할 수 없을 정도로

3. 사건들에 하나의 시각을 제공하고 과거를 더욱 흥미롭게 만드는 매력을 부여하는 것은 바로 시간이다.

4. 언어와 사고의 관계를 그렇게도 특수하게 만드는 것은, 의미를 만들어 내는 체계로서의 언어의 고유한 모호성과 적응성이다. inherent 타고난 ambiguity 애매함 adaptability 적응성

5. 그리고 바로 그때 Jim은 누군가가 비이성적 일 때마다 할아버지가 자기에게 하곤 했던 말이 생각났다. unreasonable 비이성적인

6. 어떤 스포츠 경기가 더 중요할수록 우리는 그것이 더 많은 스트레스를 준다고 생각할 가능성이 있다. 예를 들어 대부분의 축구 선수들은 '친선' 게임에서보다 월드컵에 참가하면서 더 많이 긴장하게 될 것이라고 말하는 것이 아마 옳을 것이다. 그러나 우리는 중요한 것은 그 경기가 개인에게 갖는 중요성이라는 것을 기억해야 한다. anxious 긴장하는 count 중요하다

7. 현대 문학을 다르게 만드는 것은, 현대 문학의 새로움 뿐만이 아니라, 그것이 창작되고 수용되는 상황이기도 한데, 이는 곧 과거 문학에 비해 현대 문학에 매우 흥미로운 이점을 제공하는 것이다.

3-1. 관계부사 where (52page)

1. TV는 점차 우리가 사는 세계의 실제 모습을 정의해주고 있다.

2. 기름이 (폐쇄된 곳에) 갇혀 있는 지역에서 발생하는 유출은 화재나 폭발의 초기 위험성을 증가시킨다. Spill 유출 confine 제한하다 explosion 폭발

3. 경제적 파멸이 흔히 (사회 전체의) 와해와 연관되는 세계에서, 사회는 그것이 가지고 있는 모든 인적 자본을 활용하는 것이 가장 현명하다. collapse 붕괴 be advised to V ~가 도움이 되다 exploit 착취하다

4. 아이가 학교생활을 시작하자마자 그 아이는 성공과 실패가 분명하게 규정되고 판정되는 잔인한 경쟁의 세계로 들어간다. The moment ~하자마자 competition 경쟁 defined and measured 정의되고, 측정되는

5. 인간과 야생 동물 간의 충돌에 대한 한 가지 접근법은 야생 동물에 미치는 인간의 영향이 최소화되는 금렵구, 야생 동물 보호 지구, 또는 공원을 만드는 것이다.

6. 절대 빈곤, 사회적 문제, 또는 학대하는 관계가 있는 상황 속에서 성장 한 아이들은 삶에서의 기회가 상당히 감소한 것으로 밝혀졌으며 이어 서 성인이 되어서도 사회적 또는 정서적 부적응을 겪을 수 있다. poverty 가난 abusive 학대하는 maladjustment 부적응

7. 양쪽은 모두 그 다지 말하기를 좋아하거나 친밀하지 않은 부모가 있는 가정 출신이 라고 말했다. intimate 친근한

8. 하나의 지문이 범행이 일어난 장소에서 발견되었을 때, 그것은 컴퓨터의 데이터베이스에 저장된 것들과 비교된다. fingerprint 지문

9. 하지만 심지어 자격이 있다고 여겨지는 전문가들 간에도 종종 의견이 엇갈린다. 그러므로 일반적인 조언은 "다른 전문가의 견해"를 구하는 것이다. 권위자에게 의존하는 것은 모든 전문가가 동의하는 상황에서만 합당하다. qualified자격이 있는 disagree 의견이 엇갈린다 authority 권위자 make sense 말이 되다

3-2. 관계부사 when (54page)

1. 그 장미는 씨앗일 때부터 죽을 때까지 장미이다.

2. 전자 문서의 모든 단점과 약점을 고려할 때 왜 그냥 종이를 계속 사용하지 않을까? 이 질문에 대답하는 가장 좋은 방법은 인류의 역사에서 필기도구가 교체되었던 또 다른 하나의 경우를 되돌아보는 것이다. Given 고려하면 drawbacks 단점

3. 수면은 우리의 두뇌를 충전하고 우리가 좀더 명백히 생각하도록 돕는다. 그러나 더 중요하게도 수면은 외부세계로부터 소음이 차단되고, 깊은 내적인 마음으로부터 창조적인 에너지가 나올 수 있는 시간이다. recharges 충전하다 break through 발생하다

4. 많은 사람들이 부상당했던 과거 전쟁동안에 모든 부상당한 군인들이 발견되고, 의상에게 후송되려면, 수 일이 걸릴 수 있었다. wound 상처를 입히다 It takes 사람 시간 to 부정사 : 사람이 to 동사하는데 시간이 걸리다

5. 하얼빈에 새로운 지역사회의 고등학교가 개교한 1920년이 되어서 야 비로소 Emma 는 학교에 다닐 수 있게 되었다.

6. 이메일이 업무적인 연락을 하기에는 훌륭하지만 여러분이 보내는 메시지가 이메일을 통해 보내지기에는 너무 중요하거나 민감할 때 가 있다. correspondence 연락 via 경유하여

7. 만약에 예술이 자연모습의 기록이라면 가장 가까운 모방이 가장 만족스러운 예술작품이 될 것이고 사진이 그림을 대체해야하는 때가 빨리 다가올 것이다. photography 사진 satisfactory 만족을 주는

3-3. 관계부사 why (56page)

1. 내 어린 친구들이 왜 내가 TV를 보지 않는지 물어 볼 때 나는 "내가 여전히 읽기를 원하는 수천의 좋은 책이 있다" 라고 그들에게 말한다.

2. 편의와 기본적인 인간의 필요 욕구의 충족이 소비자가 친환경 제품 을 구매하는 가장 중요한 두 가지 이유가 되는데, 즉 소비자는 반드시 환경적인 이유 때문만이 아니라 더 나은 가치(안전, 돈)를 위해서 친환경 제품을 구매하는 것이다. fulfillment 충족 green 친환경의

3. 우리가 대개 그 이론을 인식하지 못하는 이유는 단지 그 이론이 매우 잘 작용하기 때문이다. works 작동하다. 효력이 있다

4. 사람들이 나이가 들어 상태가 나빠지는 주요한 원인은 그들이 그럴 것이라고 믿어서이다.

5. 생리학자에 따르면 아름다움이 눈물을 유발하는 주된 이유는 우 는 사람의 본성에 놓여 있다. physiologist 생리학자 principal 주된 bring about 발생시키다 weep 흐느끼다

6. 사람들이 어떤 이야기를 영화로 만든 것보다 책으로 만든 것을 더 즐기는 이유는 독자 각자가 자신이 좋아하는 장면에서 세부 사항을 만들어내기 때문이라고 나는 말하고 싶다.

7. 많은 사람이 자신이 해야 할 일을 미루는 한 가지 이유는 그 일들을 잘못하거나 제대로 하지 못할 것이라고 두려워해서 아예 그 일들을 하지 않기 때문이다. delay 미루다

8. 대부분의 세균들은 해가 없지만, 몇몇 세균들은 질병은 야기하는 균일지 모른다. 그것이 당신이 손을 씻어야 하는 이유이다. 그러나 실험에서 보여주듯이, 물로만 씻는 것은 비누와 함께 씻는 것 만큼 이득이 되지 않는다. 그것은 비누가 세균을 잡고, 비록 이것이 박테리아를 죽이지는 않을 지라도, 손과 손가락의 강력한 문지름으로 세균이 씻겨지는 것을 더 쉽도록 만들기 때문이다. microbes 세균 germ 세균 vigorous rubbing 강력한 문지름 grab 잡다

3-4. 관계부사 how (58page)

1. 돈의 많은 매력은 돈이 권력, 물질적 안정감 또는 사회적 지위를 얻는데 소비될 수 있는 방식으로부터 온다. acquire 얻다 material comfort 물질적인 편안함 social status 사회적 지위

2. 관리 활동을 포함한 업무 환경이 사람들의 행동과 능력을 형성하며, 모든 관리자는 타고난 특성과 상관없이 사람들을 관리하는 방식을 항상시킬 수 있다는 것을 받아들이는 것이 훨씬 더 낫다. regardless of ~에 상관없이

3. 문화는 사람이 환경에 반응하는 방식에 영향을 주는 주된 요소이며 매우 다양한 문화가 있기에 심지어 같은 환경에 대해서도 매우 다양한 문화적 반응이 존재한다.

4. 부모가 되기 위한 실무 교육이 없으므로, 우리는 자녀를 양육하는 방법을 어떻게 '배울까'? 우리들 대부분은 아마도 우리가 양육된 방식으로 자녀를 양육할 것이다. Louise는 나의 세미나에 참석한 어 머니였는데, 자신의 어머니가 어떻게 형제자매간의 싸움을 다루었는지에 관한 내용을 사람들에게 들려주었다.

5. 그는 핸드백이 도로에 놓인 것을 보고 멈춰서 그것을 주웠다. 그것은 신용카드와 신분증뿐만 아니라 12,000달러가 넘는 돈으로 가득 차 있었다. 그는 "그 핸드백을 가지고 걸어가 버렸다면 정말 간단했을 것입니다. 그렇게 하는 것은 제 방식이 아닙니다." 라고 말했다.

6. 사람들의 답변은 또한 질문이 진술되는 방법과 질문을 제시하는 순서에 의해 영향을 받는다.

7. 19세기 중엽에 이르기까지 전염병의 본질과 그것들이 전염되는 방식에 대해 알려진 것이 거의 없었다. infectious diseases 전염병 transmit 옮기다

8. 우리가 내리는 선택과 우리의 생활 방식이 그 흐름을 바꾸는데 역할을 할 수 있다. 우리 자신의 건강뿐 아니라 생물권의 건강에도 적합한 방식으로 식생활을 함으로써 우리는 사회가 이 시대의 엄청난 환경 문제를 극복할 수 있도록 도움을 줄 수 있다. biosphere 생물권

4-1. 관계대명사의 계속적인 용법 (60page)

1. 그 농가엔 TV와 퀸 사이즈 침대가 있는 다섯 개의 세련된 객실이 있는데, 한 객실에서 다섯 사람까지 묵을 수 있습니다. accommodate 수용하다

2. 나는 그녀의 집까지 그녀와 동행할 것을 제안했다. 그러나 그녀는 고맙다는 말로 그것을 거절했다. accompany 동행하다 decline 쇠퇴하다

3. 사회적 교환은 일반적으로 호혜 규범의 지배를 받는데, 이 호혜 규범은 사람들이 자신을 도와주었던 사람들을 돕는 것을 요구한다. reciprocity 호혜

4. 19세기 이전에 고기를 보존하기 위해 이용 가능한 방법은 단지 건조, 염장, 그리고 훈제뿐이었지만, 대량의 식품이 가공되거나 아주 오랫동안 보존될 수 없었기 때문에 그것들 중 어느 것도 완전히 실용적이지는 않았다. salting 염장 process 가공처리하다

5. 법학자들 또한 재판을 서로 대립하는 변호인단이 누가 진짜 주인공인지를 두고 논쟁하면서 유죄와 무죄의 이야기를 구성하는 이야기 견주기로 간주한다. narratives 이야기 guilt and innocence 유죄와 무제 protagonist 주인공

6. 우리는 흔히 사람들이 어떤 위기 상황이 그들에게 변화하도록 강요할 때만 변화한다는 말을 듣는데, 그 말은 우리가 두려움이나 걱정 또는 불행에 대한 느낌을 만들어 낼 필요가 있다는 것을 의미한다. crisis 위기 compel 강요하다

7. 그러나 문화의 최고의 업적과 진보는 면밀한 추론의 적용에 달려 있는데, 그것은 의식적인 체계의 영역이다. application 적용 reasoning 추론 province 영역

8. 자연채광이 바람직하지 않을 수 있는 다른 장소로는 콘서트홀이나 극장과 같은 오락 공간이 있는데, 이곳에서는 조명이 완전히 공연에 집중되어야 한다.

9. 가끔, 사람들은 그냥 새로운 것을 해 보는 것을 좋아하는 것 같다. 즉 그들은 다양성 추구에 관심이 있는데, 그 경우의 우선사항은, 어쩌면 일종의 자극으로서나 혹은 지루한 것을 피하기 위하여, 상품에 대한 자신의 경험에 변화를 주는 것이다. priority 우선순위 stimulation 자극

4-2. 관계대명사의 계속적인 용법2 (62page)

1. 우리 세상은 수많은 말로 가득한데, 그중 많은 것은 소음과 분노로 가득 차 있으며 아무런 의미도 없다. fury 분노 signify 의미하다

2. 창문의 오른편에는 금속 선반에 온갖 종류의 인형과 봉제 동물 인형들이 가득했는데, 그 중 일부는 바닥에 떨어져 살인 현장의 시체처럼 누워 있었다. was packed with ~로 채워진 stuffed animals 봉제인형 corpses 시체

3. 진화를 추진하는 힘들 가운데 하나는 종들 사이에 지속적인 경쟁이다. 그리고 그 경쟁 동안에 하나의 종은 진화의 혁신을 통해서 일시적인 장점을 얻지만 역의혁신에 의해서 따라 잡힌다. evolution 진화 temporary advantage 일시적 이득 evolutionary innovation 진화혁 be overtaken 따라잡히다

4. 엄마와 유아 간, 그리고 이후의 아빠와 유아 간의 행동은 성인 간의 긴밀한 유대, 우정, 그리고 사랑을 위한 초석이 되는데, 이 모든 것들은 사회 조직의 중심에 있는 것들이다. foundation stone 초석

5. 교황 율리우스2세가 미켈란젤로에게 자신의 무덤을 설계해달라고 요청하자 미켈란젤로는 조각품 40점이 필요한 디자인을 고안했는데, 그중 겨우 몇 점만 완성되었을 때 교황 율리우스는 더 이상의 돈을 쓰지 않기로 결정했다. call for 요구하다 sculptures 조각상

6. 나무는 주위의 모든 것에 영향을 미치는 거대한 생물 자원이다. 그것은 크기만으로도 많은 생물과 곤충들에게 집을 제공하는데, 그것들은 모두 나무를 먹이로도 사용한다. biomass 생물자원 sheer 단순한

7. 나라 전체가 비만의 위기에 대처하고 있고, 그 위기 중 일부는 소비자들이 정보에 근거를 둔 선택을 할때 겪는 어려움 때문일 수도 있다. obesity crisis 비만위기 be attributed to the difficulty 어려움 때문이다 informed choices 정보가 주어진 선택

8. 오늘날 베이비 붐 세대 중 절반이 넘는 수가 85세보다 더 오래 살 것이지만, 그들이 적절한 조치를 취하지 않는 한, 그들 중 많은 수가 살아가는 동안에 만성 질병의 무거운 짐을 질 것이다. chronic 만성의 (정답 – them : 문장 앞에 접속사 unless 뒤에 두 문장이 나와야 하기 때문에 주어자리에 many of them 이 맞다.)

5-1. 접속사 that의 해석법 (66page)

1. 나이가 어렸을 때 Alexander는 아버지 Philip에 의해 드리워진 그림자가 자기 자신의 야망을 무색하게 할까 봐 두려워했다. eclipse 가리다

2. 사용하던 기기를 처분할 때 이러한 정보가 나쁜 사람의 손에 들어가지 않도록 보장하는 데 도움이 될 조치를 취하는 것이 중요합니다.

3. 오늘날의 매우 경쟁적인 세계 시장은 업무 수행 능력이 보통인 인력을 가지고는 번창하는 것은 고사하고 더 이상 생존할 수 없다는 것을 고용주들에게 확신시켰다. convince 확신시키다 let alone ~는 말할 것도 없이

4. 케냐의 시골 지역에서 어린 시절을 보낸 한 미국인 친구는 자신의 케냐 친구들 중의 일부는 매우 창의적이고, 바퀴와 차축이 있는 그들 자신의 작은 차를 만들기 위해 막대기와 끈을 사용했다고 나에게 말했다. rural 시골의 inventive 창의적인 wheels and axles 바퀴와 차축

5. 선사시대의 유적에서 나온 물질적인 유물은 우리의 먼 조상들이 질병에는 원인이 있으며 누군가는 환자를 돕기 위해 그 지식을 이용할 수 있다고 생각했다는 것을 분명히 보여준다. Material remains 유적 prehistoric 선사시대의

6. 만일 내가 상황이 완벽할 것이라고 확신할 때만 책을 쓴다면 나는 아직도 첫 번째 책을 집필하는 중에 있게 될 것이다! (완벽주의의 단점을 말하는 내용임)

7. "그것은 합법적이니. 우리는 그것을 할 수 있다." 와 같이 어떤 일이 일어나도록 허용하는 법들이 있다는 단지 그 사실이 어느 누구도 이 법들에 이의를 제기해서 공개 토론의 결과로 그것들을 바꿀 수 없다는 것을 의미하지는 않는다. permit 허용하다 challenge 이의를 제기하다

8. 이른 결혼이 바람직하지 않다고 생각한 사회들은, 그들 자신의 짝을 고르는 젊은 사람들의 판단을 신뢰하지 않는다. arranged marriages 정혼 desirable 바람직한

9. '사실' 이라는 용어는 일반적으로 절대적으로 참인 관찰이나 설명을 위한 것이다. 그러나 어떤 과학자도 어떤 것이 절대적으로 참이라고 주장하지 않을 것이다. 기껏해야 그들은 '증거의 수적인 우세' 가 관찰이나 설명의 진실성을 나타낸다고 주장할 것이다. preponderance 우세

10. 다른 동료가 항상 친근한 것처럼 보이지 않는 이유는 당신이 그를 배격할 것을 그가 두려워하는 것일지도 모른다. 그에게 먼저 말을 걸어라 그러면, 그가 열정적으로 시작할 가능성이 있다. appear friendly 친근해 보인다 reject 거절하다 chances 가능성 warm up 따뜻하게 하다. 녹이다

11. 선구적인 심리 요법 의사 James Hillman은 우리는 떠오르는 이미지를 해석할 필요가 없으며, 이미지에 대해 우리가 말해야 하는 것보다 이미지 자체가 더 중요하고, 더 포괄적이며, 더 복잡하다고 말한다. 다시 말해서, 이미지는 분석이 아니라 인정을 요구한다! interpret 해석하다 inclusive 포괄적인

12. 만약 여러분이 여러분의 몸이 망가지고 있다고 믿으면, 여러분은 그것이 망가지도록 '유발할' 것이다. 그것은 의사가 환자에게 살 수 있는 날이 3개월 남아 있다 고 말할 때 그 환자가 정확히 3개월 후에 죽을 때나, 또는 주술사가 어떤 사람에게 저주를 내리고 그것이 효력을 발휘할 때와 매우 비슷하다. witch 주술사

13. 나는 당신의 지위가 3월 1일에 더 이상 지속되지 않을 것을 당신에게 알려야 할 것이 매우 유감스럽다. regret to V ~하는게 유감이다 inform 사람 that절 : 사람에게 that절을 알리다

14. 날씨가 더 좋아지기 시작하여 점점 더 많은 주민들이 마을에서 걷거나 조깅을 하고 있어서 우리는 이 기회에 여러분에게 길에 인도가 있는데도 차도에서 걷거나 조깅을 하는 것은 불법이라는 것을 상기시키고자 합니다. remind 상기시키다 available 이용 가능한, 유효한

15. 계몽된 사람들에게 자신의 의견을 표시할 자유, 그리고 모든 문제를 토론할 자유가 나쁜 것이 아니라 좋은 것이라는 것을 설득시키는데 수세기가 걸려왔다. persuade 사람 that절 : 사람에게 that절을 설득시키다 intellectual 지적인 liberty 자유

5-2. 관계대명사 what의 해석법 (70page)

1. 줄거리 반전은 보고 있거나 예상하고 있던 것의 반대로 자주 드러나는 이야기의 주요한 요소이다. Plot twist 줄거리 반전

2. 이러한 상황에서 사람들은 다른 사람의 말에 확신이 없고 그 사람을 반드시 신뢰하는 것은 아닐 때, 그들은 액면 그대로 말을 수용하기보다는 그 사람의 신체 언어에서 그들이 보는 것을 더 많이 신뢰를 하는 경향이 있다. concentrate 집중하다 face value 액면가

3. 몸은 가장 분명히 들은 것을 하는 경향이 있으며, 정신은 가장 분명하게 본 것을 몸에게 말한다. 그러므로 여러분이 일어나기를 원하지 '않는' 것에 대해 생각하는 것은 그것이 일어나게 '될' 가능성을 굉장히 높인다.

4. 고대 그리스인들은 모든 아름다움은 수학으로 설명될 수 있다고 믿고, 그들이 황금비율이라고 불렀던 것을 발견하기 위해 어떤 제도를 사용했다. Golden Ratio 황금비율

5. 개인용 컴퓨터가 막 시장에 나올 때, 소프트웨어 발표자들은 해커들이 자신의 지적 재산이라고 여기는 것을 복제할 능력에 관해 우려했다. be concerned about 걱정하다 intellectual property 지적재산권

6. 요리에서는 따라야 하는 요리법이 있어서 그것으로부터 벗어나면 음식은 잘못 만들어진다. 내가 만난 사람들이 내가 그들에게 이 말을 하고서야 비로소 알게 된 것은 처음에 또는 두 번째에 또는 세 번째에 제대로 하는 사람은 아무도 없다는 것이다.

7. 향상되기 위해 선수가 무엇을 할 필요가 있는지를 파악하는 데 너무나 중점을 두었기 때문에 긍정적인 것들을 언급하지 않은 적이 있는가? 그것은 빠지기 쉬운 함정이다. point out 지적하다 identify 확인하다

8. 그들은 흔히 실험 오래 전에 어떤 결과가 나왔으면 좋겠는지를 (그들이 원하는 결과값) 결정했다. 이것은 빈번히 편견이 실험, 실험 절차 혹은 결과의 해석에 (무심코) 더해진다는 것을 의미한다. what they would like the result to be 그들이 원하는 결과값 procedure 절차

5-3. 접속사 whether의 해석법 (72page)

1. 사람들은 우리 아이들이 자신들의 환경에 대한 정보를 인식하고, 분류하며, 체계화 할 내재적 능력, 즉, 한때 바로 우리의 생존에 필수적이었던 능력이 서서히 퇴화하여 점점 더 가상화된 세계에서의 삶을 용이하게 하고 있는지 궁금해한다. inherent 타고난 devolve 이전되다 virtualized 가상화된

2. 그러한 (금연)캠페인이 정말로 사람들에게 충격을 주어 자신들의 행동을 바꾸도록 하는 데 성공하는지는 여전히 진행 중인 논쟁 주제이다. shock 충격을 주다 subject 주제 ongoing 진행 중인

3. 비행 강습에 등록된 사람들에 있어서, 날씨가 어떤지가 비행이 일어날지 아닐지를 결정할 것이다. register 등록하다 aviation 항공 what the weather is like 날씨의 상태 take place 발생하다

4. Kysar는 소비자가 흔히 상품이 어떻게 만들어지는지에 대해, 특히 그 생산 과정이 기본적인 환경 기준이나 노동 규정을 준수하는지에 대해 선호하는 것이 있다고 주장한다. preferences 선호 conform 순서히 따르다, 응하다

5. 도덕성이 사회에 달려 있다(좌우된다)는 것은 분명할 것이다. 여러분이 무인도에 혼자있다고 상상해 보라. 여러분이 하는 어떤 행동이 '도덕적' 인지 '비도덕적' 인지는 크게 문제가 되지 않는다. morality 윤리, 도덕 moral 도덕적인 irrelevant 관련이 없는

6. 나는 달릴 때, 나의 승리 여부에 영향을 미칠지도 모르는, 내 가 취할 행동들과 관련된 일련의 선택을 한다. 나는 내가 의도했던 방식으로 행동을 성공적으로 하는지의 여부에 따라 장악의 느낌이나 실패의 느낌이 든다. mastery 장악 depending on ~에 따라서 execute 실행하다

5-4. 여러가지 의문사 해석법 (74page)

1. 사람들은 발생할 보상에 근거하여 어떤 개인 정보를 드러낼지, 그것을 어떻게 드러낼지, 그 누구에게 드러낼지를 결정한다는 것이다.

2. 자리를 잡은 조직체에서 근무할 때엔 여러분은 특정한 것들에 익숙해져 있다. 매달 얼마나 많은 돈을 집으로 가져올지, 그리고 몇 시간 동안 근무 하도록 요구받는지 알고 있다.

3. 일부 고양이와 새끼고양이들이 얼마나 갓난아이들과 어린 아이들에게 관대한지는 놀라울 정도지만, 이것은 시험해서는 안 되는 것이다. tolerant 관대한

4. 예를 들어, 딸이 일단 결혼하면 남편의 가족과 사는 부계 거주 사회에서는 부모가 딸의 교육에 투자해 서 이익을 얻는 것은 바로 남편의 가족이다. 따라서 부모는, 만약 있다면, 어느 자녀를 그리고 얼마나 오래 교육시켜야 하는가 하는 딜레마에 직면하게 된다. patrilocal 부계 거주의

5. 이것은 결과적으로 환경 보호 활동가들이 남아 있는 어느 서식지가 야생 동물 보호 구역으로 남겨두기에 가장 중요한지를 결정하도록 돕고, 또한 동물원 사육사들이 동물들에게 더 나은 보살핌을 제공하도록 도와준다. critical 중요한 set aside 남겨두다

6. 일반적으로 사람들은 중요한 순간에 영웅적으로 행동하지만 다른 때에는 그렇게 영웅적으로 행동하지는 않는다. 학생들은 어떤 면에서 자신들의 역할 모델이 따를 가치가 있는지를 가려내기 위해서 역사기록학과 결부하여 정확한 역사를 공부할 필요가 있다. heroically 영웅적으로 historiography 역사기록학

7. 이제 어떠한 형의 얼굴이 더 마음에 드는지 결정하고, 친한 친구에게도 선택을 해보라고 요청해라.

8. 사람들이 어떻게 행동하는가는 대개 훈련의 문제, 그리고 그들의 동물적 본성이 얼마나 많이 길러지느냐 아니면 꺾이느냐의 문제인 것 같다. nourish 기르다 frustrate 좌절시키다

9. 정확히 무엇을 말할 것인지 그리고 어디서, 언제 그것을 말할 것인지의 문제는 대단히 복잡하다.

10. 여러분은 왜 특정 사람들이 여러분을 짜증스럽게 하는 반면 다른 사람들은 기쁨을 주는 존재로 느끼는지 알게 될 것이다. get along with 잘 지내다

11. 최초의 철학적 질문은 무엇이 우주를 구성하는가에 관한 질문, 즉 만물이 무엇으로 구성되어 있는가에 관한 질문인 것처럼 보인다. as though 마치 ~처럼 philosophical 철학적인 constitute 구성하다

12. 어떤 햄버거점이 그곳의 인기 있는 치즈버거 가격을 내린다면 매니저는 문을 통과해 들어오는 특정 고객이 어떻게 반응할 것인가보다 판매액이 얼마나 많이 증가할 것인가를 더 잘 예측할 수 있다. specific 특정한 respond 반응하다

13. 그러나 역사를 주의 깊게 연구해 보면, 모든 지식은 응용된다는 것이 드러난다. 그러므로 누가 어떤 구분을, 어디에서, 왜 하는지에 주목하게 되면서, 그 문제는 지식 실행 공동체로 옮겨간다. communities of practice 지식실행 공동체

14. 그러나 더 큰 기업은 접촉의 길을 열고 직원 각자가 자신의 책임이 무엇인지 그리고 그들이 누구에게 보고해야 하는지를 알고 있다는 것을 확실히 해 줄 공식적인 경영 구조를 필요로 한다. channel 통하게 하다, 열다 responsible 책임이 있는

15. 다시 말하면, 아이들은 경험에 대한 정신적 도표를 만들어 어떤 행동이 자신에게 죄책감이 들게 하는지, 어떤 행동이 자신들을 기분 좋게 하는지, 어떤 행동이 보상받는지, 어떤 행동은 보상받지 않는지, 그리고 어떤 상황에서 그러한 조건이 적용되는지에 관해 적어 둔다. chart 도식화하다 make note 메모하다 apply 적용되다

16. 학교에서 학생은 자신의 믿음과 행동을 이끌어 줄 정보를 구할 때 누구를 신뢰할지에 대한 결정에 직면한다.

17. 우리는 어떤 핸드폰을 사용해야 하는지, 어떤 학교를 선택할지, 혹은 어떤 정치가를 지지해야 하는지를 말하는 유명 인사들의 이야기를 (마치 폭격을 받듯이) 무수히 접한다. bombard A with B 퍼붓다, 폭격하다 celebrity 유명인사 politician 정치인

5-5. 동격의 that의 해석법 (78page)

1. 취학 전 아이들의 주변에서 조금이라도 시간을 보내면, 대부분의 미취학 아이들에게 친구가 있고, 자신의 친구를 대단히 중요하게 여긴다는 결론에 곧 이르게 된다. conclusion 결론

2. 온갖 종류의 이론들은, 의견 차이가 사라지게 만들 수 있도록 의견 차이가 처리되거나 다뤄 질 수 있는 방법들이 있다는 견해를 조장한다. promote 조장하다 so as to ~하기 위하여

3. 언어는 상호 이해할 수 있는 소리로 구성된다는 있는 그대로의 사실 그 자체만으로도 그것의 의미는 공유된 경험과의 연관성에 의존한다는 것을 보여주기에 충분하다. bare 사실 그대로의, 적나라한 mutually 서로, 상호 간에 intelligible 이해할 수 있는

4. 사람들의 사고력은 제한적이고, 그래서 사람들은 자신들의 사고를 아껴야 한다. 자신들의 사고 능력을 이미 (다른 일에) 쏟고 있을 때, 사고에 대한 추가적인 필요성을 줄이기 위해 사람들은 훨씬 더 많은 손쉬운 방법을 택한다는 많은 증거가 있다. preoccupied 몰두한 shortcut 지름길, 손쉬운 방법

5. 일반적으로 대중이 훌륭한 종합적 결정을 내놓는다는 생각은 종종 '대중의 지혜' 라고도 일컬어지며, 어떤 경우에는 정말로 놀랄 만큼 잘 맞는다. mass 대중 come up with 생각해내다 overall 전반적인 refer to 언급하다

6. 미술과 과학에 창의적인 이바지를 해 온 사람들은 자신의 성공 원인을 주로 자신이 일을 즐겼다는 사실로 돌리는 데 있어 대체로 매우 설득력 있게 말한다. convincing 확신있는 ascribe A to B 탓으로 돌리다

7. 여러분이 굳은 의지력을 지니고 있다 해도, 인터넷이 컴퓨터에 숨어 기다린다는 사실만으로도 여러분의 과업 수행은 피해를 입게 된다. cast-iron 강철 같은

8. 히포크라테스 시대의 의사에게, 의술의 근본 원리는 자연이 안정의 상태를 유지하려고 하며 자연의 힘은 신체의 정상적인 부분들이 그들 사이에서 (서로) 균형을 유지하도록 그들을 끊임없이 조정하고 재조정하고 있다는 개념이었다. fundamental 기본적인 concept 개념 stability 안정성 constantly 지속적인

9. 하지만 친구들은, 만약 우리가 그들의 감정을 상하게 하거나 그들을 성가시게 하는 무언가를 말하거나 행하면, '나는 더 이상 너의 친구가 아니다.' 라고 선언할 위험성이 항상 있다. declare 선언하다

5-6. 복합관계대명사의 해석법 (80page)

1. 내가 생각하기에 그 이유는 아마추어는 무엇을 하든지 어떤 결과를 얻는다는 것이다.

2. 예를 들어 사람들은 설문 조사에서 자신들이 원하는 것은 무엇이든지 말할 수 있어서, 그들의 진정한 생각이나 행동을 정확히 포착할 수 없다. capture 포착하다

3. 물론 여러분은 자신의 의견을 가질 자격이 있으나, 여러분이 취하는 어떤 입장이든지, 그리고 '사실' 로 표현하는 어떤 진술이든지, 그것을 합리적이고 확실한 증거로 뒷받침하도록 주의를 기울여라. entitle 자격을 주다

4. 인생이란 우리가 당연히 그래야만 된다고 생각하는 것처럼 재미있는 경우가 흔하지 않다. 남의 생활이니까 이상한 일이 가득 차 있는 것처럼 보이는 것이다. 자기의 직업이 어떠한 것이든 그는 직업에 종사하는 것이 아무리 행복할망정, 다른 직업을 택했더라면 더 좋았을 텐데 하고 생각하는 때가 있는 것이다. ought to ~해야하다 profession 직업

5. 그러나 왠지 이 모든 말이 아무리 생생하고 유창하다 할지라도 말하는 사람과 통하고 있다는 어떤 느낌도 또는 그녀(말하는 사람)의 실제 감정이나 태도나 관점을 알고 있다는 어떤 느낌도 우리에게 주지 않는다. however 비록~일지라도 make contact 접촉하다 point of view 관점

6. 보존주의자들은 자연을 보존하기를 원하는 다양한 이유를 가지고 있다. 어떤 사람들은 사회적 또는 경제적 비용이 얼마이든지 간에 모든 생명에 대한 강한 존경심이 있고 모든 생명체의 살 권리를 존중한다 Preservationists 보존주의자 preserve 보존하다 cost 비용

7. 우리는 더 이상 흙에 노출되지 않으며, 그래서 우리의 면역 체계는 감염과 싸우는 법을 배울 수 없다. 우리는 그저 차 안에 뛰어들어 정말로 움직이지 않고 우리가 원하는 곳은 어디든 갈 수 있기 때문에, 우리의 근육이 시들어 버려서 (근육은) 체온을 높여 혈액이 순환하게 하여 독소를 제거하는 일을 할 수 없다. expose 노출시키다 immune 면역 infections 감염 pop in 뛰어들다 wither 시들어지다 circulate 순환하다 toxin 독성

8. 말로 하는 약속이 아무리 대담하고 고무적일지라도 목표에 도달하는 것을 보장해 주지는 못하지만 분명히 성공의 가능성을 높여 준다. make commitment 약속하다 bold 대담한 inspiring 영감을 주는, 고무적인 destination 목적지 enhance 강화시키다 likelihood 강화시키다

5-7. 가주어 it / 가목적어 it (82page)

1. 많은 다른 상징들이 같은 것을 나타내기 위해 다양한 사회에서 사용되고 있다는 것은 놀랄 일이 아니다.

2. 스포츠에서는 경기의 원래의 형태가 자연적으로 흥미를 돋우고 따라서 소비자의 욕구를 충족시킨다고 생각되어 왔다. attractive satisfy 만족을 주다

3. 특히 대중교통 관련 지출이 정부의 우선 사항이 되지 못한 지역에서, 대중교통이 자가용차를 모는 것보다 흔히 시간이 더 오래 걸린다는 것은 유감스럽게도 여전히 사실이다. public transportation 대중교통 region 지역 government priority 정부의 우선순위

4. 게다가, 엄마 자신의 복지는 아이를 양육하는 것과 대립할 지도 모른다. 여자들이 죄의식을 느낄 필요가 없고 자신들의 감정에 대해 부끄러워할 필요가 없다고 이해하는 것이 당연하다 well-being 행복 conflict 대립되다 nurture 양육하다 instructive 도움이 되는(교훈적인) ashamed 부끄러운

5. 플러그인 하이브리드 자동차가 석유 의존, 공기 오염, 그리고 악화되고 있는 대기로부터 우리를 구하는 데 도움을 줄 수도 있다고 말해도 과언이 아니다. exaggeration 과장 plug-in hybrids 하이브리드 자동차 deteriorate 악화시키다

6. 우리가 급속한 변화의 시기에 살고, 그런 기간 동안에 우리가 향수의 기분이나 변화의 두려움의 nostalgia 향수기분이 되기 쉽다는 것은 나에게 명백하다. become prone to 명사 ~하기 쉽게 되다.

7. 온라인 활동을 기술하는 데 사용되는 속어 표현을 취하기 전에, 이 문화의 언어를 정의하는 데 도움이 되는 공식 용어를 확인하는 것은 가치가 있다. slang terms 속어 worthwhile 가치 있는

8. 자신의 기대와 어긋나는 실험이 왜 무시되어야 하는지, 그리고 자신이 '기대했던' 결과를 가져다주는 실험이 왜 옳은 것인지를 스스로에게 정당화하기는 너무나 쉽다. justify 정당화시키다

9. 많은 상황에서 우리는 우리 자신을 다른 사람의 입장에 서보도록 하는 일이 어렵다는 것을 알게 될 것이다. put oneself in another person's shoes 입장 바꿔 생각하다

6-1. 시간을 이끄는 접속사 (86page)

1. 사람의 뇌는 태어나는 순간 작동하기 시작했다가 대중 앞에서 연설을 하기 위해 서면 비로소 멈춘다 in public 공개적으로

2. 그들은 심지어 마음속에서 무슨 일이 일어나고 있는지에 대한 어떤 단서도 가지고 있지 못할 때조차도 자기 자신의 행동을 설명하기 위해 이야기를 지어낸다. make up 꾸며내다 clue 단서

3. 물속에 있는 물체를 물 밖에서 볼 때, 그것의 외형이 일그러진다[일그러져 보인다]. 이것은 굴절이 그 물체로부터 나오는 광선의 방향을 바꾸기 때문이다. distort 왜곡시키다 refraction 굴절

4. 현대 인류가 아프리카에서 이주해 나왔을 때, 그들은 통밀빵, 기름기가 적은 소고기, 또는 녹색 채소로 가득한 정원도 없던 몇몇 곳을 포함하여, 지구 방방곡곡으로 빠르게 퍼져 나갔다! migrate 이주하다 expand 팽창하다 whole grain bread 통밀빵 lean 기름기가 적은

5. 20세기가 되어서야 비로소 새로운 발명품들이 유럽에 소개되었다. introduce 도입하다

6. 여러분이 어떤 결정에 직면해 있고 누군가가 여러분으로 하여금 '직감적인 느낌을 사용하라'고 조언하면, 그 사람은 본질적으로 여러분에게 의식적인 체계가 하는 것처럼 그 문제를 논리적으로 충분히 추론하려고 하기보다는 무의식적인 체계(그리고 그것의 직관)에 의존하라고 말하고 있는 것이다. gut 본질, 창자 rely on 의존하다

7. 집에 문제가 있을 때, 자기 자신의 실패나 실망을 겪을 때, 혹은 다른 사람들이 기댈 수 있도록 신체적으로나 정서적으로 '강인한' 어떤 사람이 될 필요가 있고 자신이 그런 도움이 되어야 한다고 느낄 때, 소년은 자주 '남자답게 행동할', 자신감 있고 위축되지 않는 사람이 되어야 할 압박을 받는다. suffer 겪다 disappointment 실망 confident 자신감있는 unflinching 굽히지 않는

8. 그러나 학생들이 자신의 교육에 대하여 책임을 질 수 있을 만큼 성숙해졌을 때는 대부분 이미 자기가 하는 일을 즐기지 못하는 것이 내면화되었다. by the time ~ 할 즈음에 internalize 내면화시키다

9. 결과적으로 조사라는 것은 그 조직이 여론에 영향을 미칠 것 같은 중요한 사건에 연결되지 않거나 뉴스가 아닐 때 행하여 져야 한다. Consequently 결과적으로

10. 배심원들이 변호사가 자기 자신의 소송 사건에서의 약점을 먼저 제기하는 것을 들었을 때, 그들은 그에게 더 많은 정직성을 부여했고 그 인식된 정직성으로 인해 마지막 평결에서 그의 소송 사건 전체에 대해 더 우호적이었다. juror 배심원 attorney 변호사 assign 할당하다 verdict (배심원의) 평결

11. 우리가 정말로 알고 있는것은, 수학 문제가 시각적으로 제시될 때 그것이 더 명료해지고, 더 접근 가능해지며 뇌가 나중에 그 지식을 더 잘 기억해 낼 수 있다는 것이다.

12. 십 대에 미국에 돌아와서 미국 아이들이 다 만들어져 나오는, 가게에서 구매되는 플라스틱 장난감을 가지고 노는 것을 지켜보았을 때, 그는 미국 아이들이 케냐 아이들보다 덜 창의적이라는 인상을 받았다. ready-made 기성품 impression 인상

13. 어떤 문제에 접근할 때마다, 우리는 참신한 해결책을 생각해내는 능력을 제한하는 가정에 집중한다. assumption 가정

14. 여러분이 어딘가 가고자 할 때, 휴대전화를 사용하여 한 대를 호출할 수 있고 그러면 그것은 여러분이 현관문 밖으로 걸어 나왔을 때는 이미 집 앞에 주차되어 대기하고 있을 것이다. 일단 그것이 여러분을 목적지로 데려다주고 나면, 다음 손님을 위해 운전해 떠난다. summon 호출하다

6-2. 원인/목적을 나타내는 접속사 (89page)

1. 천재들은 아이디어들이 구체화할 여지를 만들 필요성을 이해하고 있는데, 이는 창조적 능력이 외적 상황이 아닌 적절한 내적 상황에서 생기기 때문이다 Genius 천재 crystallize 구체화하다 for (접속사) 왜냐하면 appropriate 적절한

2. 말이 지배하게 되면 상담은 분명히 덜 효과적인데 그것은 아마도 양쪽 모두가 생각을 덜하기 때문일 것이다. 생각과 침묵은 상호 의존적 관계로 연결되어 있다. dominate 지배하다 counselling 상담 presumably 가정할 수 있는 symbiotically 공생적인 (상호의존적인)

175

3. 분비샘은 대단히 복잡하고 대단히 많은 다른 것들에 의해 효력이 발휘되므로 그것에 해로운 것과 이로운 것을 단순하게 목록으로 만드는 것은 매우 어려울 것이다. 하지만 모든 분비샘 기능에 필수적인 중요한 한 가지가 있다. Gland 분비샘 beneficial 이득이 되는 glandular function 분비샘 기능

4. 때때로 코치들은 선수들의 향상을 돕는 데 너무 중점을 두어서 좋은 경기력을 위한 노력을 당연하게 여긴다. take A for granted : A를 당연히 여기다

5. Columbus의 아메리카 발견에 대해 널리 알려진 이야기와 같은 학교 교과서 속의 많은 이야기는 왜곡과 생략으로 가득 차 있어서 역사보다는 신화에 더 가깝다고 어떤 사람들은 주장한다. account 이야기 distortion 왜곡 omission 생략

6. 많은 기자들이 종군 기자가 되기를 꿈꾸는데, 왜냐하면 이것이 직업적 성취의 절정으로 여겨지기 때문이다. war correspondents 종군기자(특파원)

7. 그러나 실제 역사적 상황 속에는 너무나 복잡하고 가변적인 요인들과 너무나 많은 예측할 수 없는 인적 요소가 있기 때문에 '법칙' 이라는 평범한 과학적 개념을 사용하는 것이 불가능하다. unpredictable 예측할 수 없는 scientific notion 과학적 개념

8. 여러분은 어딘가에 당도하기 위해 너무 서둘러서 그 여정에 대한 기억이 어렴풋한 적이 있었는가? faint 희미한

9. 여러분은 인간이 사고하는 데 필요한 능력을 잘 갖추고 있기 때문에 사고하는 것을 좋아하고, 사고하는 데 모든 자유 시간을 쓸 거라고 예상할지도 모른다. 이것은 확실히 실제로는 그렇지 않다. equip (장비를) 갖추다

10. 개개의 질병이 그 자체의 독특한 자연적인 과정을 가지기 때문에, 의사는 그 질병에 매우 정통해서 증상들의 순서를 예측할 수 있고, 자연이 그 역할을 수행하도록 도와줄 치료로써 개입해야 하는지와 정확하게 언제 개입해야 할지를 알 수 있어야 한다. distinctive 독특한 physician (내과) 의사 sequence 전후관계 intervene 개입하다

11. 현대의 사건은 우리가 그것들이 산출할 결과들을 모르는 점에서 역사와는 다르다. Contemporary 현대의 in that ~라는 점에서

12. 우주는 그것이 생겨난 처음 순간에 너무 빠르게 식어서 수소, 헬륨, (극소량의) 리튬보다 더 무겁거나 더 복잡한 원소를 만드는 것이 불가능했다. manufacture 제조하다

13. 이런 관점에서, 저작권법이 어느 정도의 융통성을 제공하지 못한다면, 많은 작가들이 다른 작품을 침해하여 법적 위험에 노출될까 두려워 제약을 받을 수 있다. flexibility 융통성 inhibit 금지시키다 for fear ~하지 않기 위해서 infringe 침해하다

14. 분명히 이 사람들은 고난을 알고 있었으며, 식량 부족, 질병, 야생 동물에 의해 자주 위협받았다. 그러나 춤으로 이루어지며 어쩌면 황홀 상태의 성격을 가진 의식은 그들의 삶에 중요했다. 아마도 단지 여러 면에서 훨씬 더 수월한 우리 자신의 삶이, 일을 하는 의무에 의해서 또한 많은 제약을 받기 때문에, 우리는 '왜 그런지' 를 궁금해해야 한다. hardship 역경 shortage 단점 ecstatic 황홀한

6-3. 양보 / 조건을 나타내는 접속사 (92page)

1. 충분한 지능을 고려하면, 평균적인 인간은 적절한 능력으로 어떤 일이든 해낼 수 있다. Given ~을 고려하면 sufficient 충분한 intelligence 지능 competence 능력

2. 전자 문서의 모든 단점과 약점을 고려할 때 왜 그냥 종이를 계속 사용하지 않을까? drawbacks 단점 stick with 꾸준히 하다

3. 접착제는 너무나 강력해서 많은 주의를 기울여 제거되지 않으면, 배우의 피부에 매우 심하게 문제가 생겨 촬영이 지연될 수도 있다. adhesives 접착제 affect 영향을 미치다 shooting 촬영 hold up 지연시키다

4. 이 접근법이 의도는 좋지만, 천연자원에 대한 사회의 요구가 참으로 커서 오직 환경의 작은 부분만이 공원에서 확보될 수 있기 때문에 그것은 인간과 야생 동물 간의 충돌을 해결하는 데에는 거의 도움이 되지 않는다. intend 의도하다 resolve 해결하다 conflict 갈등 fraction 부분

5. 상품을 구매함으로써 소비자가 물질적 욕구뿐 아니라 의식 있는 소비자라는 자아상도 충족시킬 경우, 이것은 소비자에게 관련된 (생산) 과정 정보를 의무적으로 제공하는 것이 정당하다는 것을 입증한다. material needs 물질적 욕구 mandatory 의무적인

6. 약 1,700개의 단어나 의미가 셰익스피어의 작품에서 처음으로 사용된 것으로 알려져 있고 그의 작품이 매우 널리 읽혀 왔음을 감안하면 우리가 매일 사용하는 많은 용어가 그로부터 왔다는 것은 놀랍지 않다. Given that ~을 고려하면 term 용어

7. Gibson이 20분 후에 도착했더라면 그 그림은 이미 쓰레기 수집자가 주웠을 것이다.

8. 셰익스피어가 글을 쓰는 것을 직업으로 선택하지 않았다면, 그는 아마 역사상 가장 위대한 심리학자나 철학자가 되었을지도 모른다. 그의 글을 그렇게 강력하게 만든 것은 바로 인간 행동에 대한 그의 예리한 통찰력이었다. profession 직업 psychologist 심리학자 philosopher 철학자 insight 통찰력

9. '일본이 진주만을 폭격하지 않았더라면 어떤 일이 생겼을까?' '당신은 당신이 어떻게 아내와의 관계를 개선할 수 있다고 생각하는가?' '왜 어떤 사람은 건강하면서 일을 하지 않는데 국가로부터 돈을 받아야 하는가?' '당신은 훌륭한 관리자의 특징이 무엇이라고 생각하는가?' 등이 포함된다. 이 질문들은 모두 응답자가 정보를 단순히 상기해 내는 것을 넘어설 것을 요구하는데, 과정 질문에는 정답이 없는 경우가 빈번하다. characteristics 특징 respondent 응답자 recall 회상

개념특강 여러가지 접속사 SYNTAX (97page)

1. 십대들이 개별화하는 과정을 거칠 때, 그들은 부모와 사회의(부모와 사회가 정한) 엄격한 경계를 밀어 붙이기도 하고 심지어 시험하기도 한다. 부모로서 여러분은 자녀에게 경계를 설정해주는 책임이 있다. individuating 개별화 rigidity 엄격함 boundary 경계

2. 부모의 통제로부터 스스로를 성공리에 해방시키려면 아이는 부모의 애정 어린 권위로 나타나는 부모의 영향력 안에서 안전해야만 한다. release 해방시키다 secure 안전한 authority 권위

3. 세상이 반드시 너가 세상을 인식하는대로는 아니라는 것을 이해해라.

4. 제2차 세계 대전 기간 동안에 나치 죽음의 수용소에서 발생한 경우처럼, 특정 집단의 사람들을 의도적으로 살해하는 것을 말하는 집단 학살은, 비록 그것이 정부나 전체 사회에 의해서 승인된 것이라고 하더라도, 보편적으로 잘못된 것으로 여겨진다. Genocide 집단학살 extermination camps 수용소 sanction 승인하다

5. 과학적 이해가 커지면서 우리 세계는 비인간적으로 되었다. 인간은 우주 안에서 자신이 고립되었다고 생각하는데, 이는 인간이 더 이상 자연에 관련되지 않고 자연 현상과의 정서적인 '무의식적 동질감' 을 잃어버렸기 때문이다. unconscious identity 무의식적인 동질감 natural phenomena 자연현상 be involved in ~와 관련되다

6. 과일과 마찬가지로 경험은 시간에 민감하고, 시간이 지남에 따라 경험의 중요성은 감소한다. As with 마찬가지로 time-sensitive 시간에 민감한

7. 누군가가 결말을 드러냄으로써 한 소설을 망칠 수 있다는 생각은 '모나리자' 가 가운데 가르마를 한 여자의 그림이라는 것을 밝힘으로써 그 그림을 망칠 수 있다고 말하는 것과 같다. ruin 망치다 a center part 가운데 가르마

8. 생태계는 일반적으로 물질을 순환시키는 데 매우 효율적인데, 대부분의 물질이 생태계 자체 내에서 반복적으로 순환된다는 점에서 그러하다. Ecosystems 생태계 efficient 효율적인 in that ~라는 점에서 matter 물질

9. 음악가들이 녹음할 때 청취자에게 보이지 않는다는 것이 중요한 의사소통 경로를 제거하게 되는데, 왜냐하면 연주가들이 자신의 목소리나 악기의 소리를 통해서뿐만 아니라 자신의 얼굴과 몸을 통해서도 자신을 표현하기 때문이다. 연주회에서 이러한 제스처는 음악에 대한 청중의 이해에 영향을 미친다. invisibility 안보임 channel 통로 for (접) 왜냐하면 instrument 악기

7-1. 현재분사 vs 과거분사   (102page)

1. 많은 학생들에 의해 둘러싸인 잘생긴 녀석은 현국이다. surround 둘러싸다

2. 적당한 보험 증권을 휴가이전 또는 휴가 동안 질병이나 사건으로부터 발생하는 의료비용, 휴가 비용의 손실, 휴가의 취소에 대한 보상을 제공해야 한다. insurance policy 보험증권 medical expense 의료비용 prior to 이전에 cancellation 취소

3. 스위스치즈를 만드는데 사용되는 박테리아는 사람들에게 해롭지 않다.

4. 원격으로 감지된 사진의 시간적인 밀도는 크고, 인상적이고, 성장하고 있다. 여러분이 이 문장을 읽을 때에도 위성들은 많은 양의 사진을 모으고 있다. temporal density 시간적 밀도

5. 몇몇 사람들은 만약 그들이 더 많은 돈을 번다면 보상받음을 느낀다. 다른 사람들은 증가된 여가시간을 더 바람직한 보상으로 여긴다. reward 보상하다

6. 자연의 밤하늘에서, 육안으로 하늘을 바라보는 어떤 이는 거의 3천오백여개의 별과 행성들뿐만 아니라, 우리의 은하수인 the milky way에서 나오는 빛을 볼 수 있을 것이다. with unaided eye 육안으로 unaided 도움을 받지 않은 nearly 거의

7. 불꽃놀이를 주최하고 싶은 공원은 그 쇼에 대한 책임을 질 다른 회사와 계약할 수도 있다. (중략) 위험 요인을 팬들에게 전가하는 한 가지 방법은 기획사는 입장권 소지자가 입는 어떤 피해에도 책임지지 않는다고 쓰여 있는 진술을 행사 입장권 뒷면에 집어넣는 것이다. fireworks 불꽃놀이 contract 계약하다 transfer 전달하다 inclusion 포함 promoter 기획사

8. 학생들이 자신들에게 묘사된 공상 세계에 자신들이 이끌리는 것을 상상할 수 없다면, 그 게임은 순조롭게 출발할 수 없다. engage 끌어드리다 get off the ground 출발하다

9. 태국의 의료 서비스는 세계 최고 수준으로 평가되어 왔다. 발전된 고도의 기술과 최신식 장비가 이미 설치되어 있다. 자격을 갖춘 경험이 많은 의사들은 탁월한 서비스와 진료를 제공할 수 있다. equipment 장비 Advanced 발전된 Qualified 자격이 있는

10. 영어 시를 읽는 많은 사람들에게 흔히 발생하듯이 그도 이전에 자주 읽으면서도 느끼지 못하고 지나치게 되었던 말들의 의미를 처음으로 이해하게 되었다

11. 식품과 음료의 경우, 다양성 추구는 '감각 특정적 포만' 으로 알려진 현상 때문에 일어날 수 있다. 간단히 말해, 이것은 방금 먹은 식품에 대한 쾌감은 떨어지는 반면 먹지 않은 식품에 대한 쾌감은 변하지 않은 채로 있다는 것을 의미한다. beverage 음료 sensory-specific satiety 감각 특정적 포만 Put simply 간단히 말하면

12. 십대 자녀가 잘 먹도록 도우라. 시간상의 간격을 많이 두고 과식을 하는 것보다는 균형 잡힌 소량의 식사를 하루 동안 규칙적으로 하는 것이 스트레스를 낮추는 것을 도울 수 있다. throughout the day 하루 종일 내내

13. 홀은 시끄러운 소리로 가득 찼는데, 수백 명의 사람들이 플로어에 몰려 있었고 더 많은 사람들이 위에서 내려다보고 있었다. 남자들과 여자들이 플로어를 왔다 갔다 하며, 이야기하고, 구경하고, 춤추고, 서 있고, 그 거대한 방에 퍼져 있었다.

14. 열차는 주중에 약 30분 마다 운행하는데, 통근시간 같은 때에는 더 자주 운행되며, 밤과 주말, 그리고 공휴일에는 덜 운행된다. approximately 대략 half-hourly basis 30분 간격

7-2. 분사구문이 앞쪽에 위치할 때 해석법   (106page)

1. (동물들은) 상상력이 없고 멍청할지라도, 동물들은 종종 인간보다 더 현명하게 행동한다.   behave 행동하다 sensibly 현명하게

2. 그는 눈치 채이지 않도록 조심하면서 그는 그녀의 얼굴 모습을 살펴보았다. trace 추적하다 figure 모습

3. (그는) 거울을 들여다보면서 그는 냉방이 되는 차가운 실내에서 자신이 땀을 흘리고 있다는 것을 깨달았다. sweat 땀흘리다

4. (많은 학생들은) 중요한 무엇인가를 빼버리는 것을 두려워하기 때문에 많은 학생들은 너무 많이 밑줄을 친다. leave out 빼다

5. (그는) 과거를 보았을 때 그의 인생이 어떠했는가를 자신에게 물어볼 수 밖에 없다. 반면에 그가 미래를 볼 때 자신이 영어의 문제를 극복할 수 있다는 생각에 낙관적으로 느꼈다. can not help Ving ~ 할 수 밖에 없다. optimistic 낙관적인

6. (경험은) 팝콘과 같은 소비재가 아니라서, 경험은 계속 변화하는 내용물과 함께 만질 수 없는 것이다. consumables 소비재 intangible 무형의 ever-changing 계속 변하는

7-3. 분사구문이 중간에 위치할 때 해석법   (108page)

1. 두 가지 화학물질과 관련된 뇌에 있는 생물학적 불균형은 정말로 우울증에 기여한다. contribute 기여하다 depression 우울증

2. 사용자 매체라고도 알려진 UCC는 최종 사용자가 만드는 다양한 종류의 미디어 콘텐츠를 가리킨다. refers to 언급하다 end-user 최종 사용자

3. 초창기 자원봉사자들은 누구도 그들이 사회에 어떤 공헌을 하는지 알아주는 사람이 거의 없다는 점을 신경 쓰지 않고 가난한 사람들과 무기력한 사람들을 위해 무급으로 많은 시간을 봉사했다. devote 헌신하다

4. 30분간의 지체가 있을 거라는 말을 들은 승객들은 어떤 설명도 없이 심지어 이십 분간 기다리도록 남겨진 승객들보다 덜 불행할 것이다.

5. 전시나 평시나, 전투에서나 축하연에서나, Philip은 대단히 활기가 넘쳤고 독특한 개성을 보여 주었다. 그의 지력과 용기, 그리고 전장에서의 견줄 데 없는 그의 연속된 승리와 결합된 이런 특성은 그를 마케도니아 사람들의 민족적 영웅으로 만들었다. extraordinarily 대단히 quality 특징 succession 연속 unparalleled 견줄 데 없는

7-4. 분사구문이 뒤쪽에 위치할 때 해석법   (110page)

1. 올해 초의 기상 상태는 매우 온화했지만, 화재의 위험은 여전히 심각하여, 모든 학생과 교직원이 무엇을 해야 하는지를 아는 것을 대단히 중요하게 만들었습니다. critical 중요한

2. 내가 이전에 경험했던 적이 없는 시험 치기 전날 밤, 나는 내 자신에게 왜 내가 그렇게 하는 것에 동의했는지를 물어보면서 진짜 무서웠다. scared 무서운

3. 새로운 관계에서, 사람들은 흔히 처음에는 몇 개의 세부사항만을 공유하고 그들이 서로를 좋아하고 신뢰하는 경우에만 더 개인적인 정 보를 제공하면서 서서히 자신을 드러낸다. disclose 폭로하다. 드러내다

4. 교외의 인구가 계속 늘어날 것으로 예측되기 때문에 교외의 일간 신문과 주간 신문들의 수가 지역 뉴스에 대한 수요를 충족시키기 위해 늘어날 것이고 경험이 더 적은 기자들과 더 작은 규모의 신문사에서 일하는 것을 선호하는 사람들을 위한 일자리를 창출할 것이다. suburb 교외

5. 땅속에 장미 씨앗을 심을 때, 우리는 그것이 작다는 것을 알고 있지만 '뿌리가 없고 줄기가 없다' 고 비난하지는 않는다. 우리는 씨앗에게 필요한 물과 영양분을 제공하면서 그것을 씨앗으로 대한다. criticize 비판, 비난하다 nourishment 영양분

6. 고대 그리스의 신화에 따르면 Narcissus는 (용모가) 너무나 아름다워 물을 마시기 위해 무릎을 꿇었을 때 (물에) 비친 자신의 모습과 사랑에 빠진 다음 자신이 가장 사랑하는 사람을 안을 수 없어서 물가에서 상심한 채로 죽은 젊은이였다. kneel(knelt) down 무릎 꿇다 heartbroken 상심한 embrace 포옹하다

7. 가상의 행간과 여백에 의견을 달고, 즉각적으로 서로의 의견을 읽으며, 자신의 공저자가 이제 막 쓴 것에 어휘나 문장을 추가함으로써 실시간으로 함께 문서를 작성하면서, 우리는 멀리 떨어져서도 다른 사람들과 함께 읽을 수 있다. instantaneously 즉각적으로 compose 작성하다

8. 여러 해 동안 의사들은 환자들 자신의 신체가 비교적 쉽게 대처할 수 있었을 박테리아 감염을 치료하기 위해 환자들에게 항생제를 투여하여, 내성을 지닌 박테리아의 변종들이 생겨날 기회를 더 많이 만들었다. antibiotics 항생제 resistant strain 내성을 지닌 변종

9. 사람들은 생각, 기술, 그리고 습관의 자유로운 흐름으로부터 자기 자신을 단절시키기 위해서 최선을 다하는데, 그것이 문화 교류의 영향을 제한하게 된다.

10. 이것은 더 넓어진 길이 운전을 방해하는 장애물을 줄이기 때문이다. 이것이 결과적으로 자동차에 대한 수요를 늘린다. 자동차에 대한 늘어난 수요는 자동차 제조업자들 사이의 경쟁을 증가시키고 (자동차의) 가격을 낮추는 경향이 있어서, 도로 위에 차가 훨씬 더 많아지는 결과로 이어진다. competition 경쟁

11. 다양한 (사고의) 틀을 이용하여 상황을 바라볼 수 있는 것은 모든 유형의 어려운 문제를 다룰 때 매우 중요하다. tackle 다루다

12. 이것의 한 예는 몇몇 국내 항공사가 승객들로 하여금 인터넷을 통해서 탑승 절차를 밟도록 장려하고, 그렇게 해서 공항에서 탑승 절차를 밟고 싶어 하는 승객들의 수를 줄였던 경우였다. domestic 국내의

7-5. 분사구문의 수동태와 시제   (113page)

1. 연속적인 폭풍에 의해 약해진 그 배는 더 이상 완전하지 않았다. successive 연속적인

2. 그 여행자가 처한 곤경에 대해 얘기를 듣고 Rhodes는 즉시 자기 방으로 돌아가서 낡은 정장을 입었던 것이다

3. 다른 종들과 이전의 접촉을 가지지 못했기 때문에, 새롭게 접근된 종은 아직 면역을 개발하지 못한 질병에 노출될지도 모른다. immunity 면역

4. 그들은 모든 것이 빠르고 재미있는 TV쇼에 익숙하기 때문에 그들은 그림이 없는 기사를 읽을 인내심과 생각을 요구하는 책을 읽을 인내심과, 어린이 프로그램에 사람들처럼 재미있는 것을 하지 않는 선생님께 경청할 인내심을 가지고 있지 않다.

5. 대학에서 나는 종종 참치 샌드위치를 주문했다. 불가피하게 여종업원은 내 주문을 '두 개의 참치 샌드위치' 라고 알아들어서 하나가 아닌 한 쌍의 샌드위치를 가져다주었다. Inevitably 불가피하게

6. 같은 함정을 피하기 위해 중국은 세심히 변화하고 있다. 즉, 중국은 수출, 투자, 제조업을 통하여 성장해 왔으므로, 이제는 정부의 정책으로 조종하기가 덜 용이한 서비스와 소비자에 더 많이 의존해야 한다. delicate transition 세심한 변화 steer 조종하다

7. 지난 수년에 걸쳐서 영어를 공부한 나는 너무 오래 되어서 사용할 수 없는 나의 영어사전들을 던져 버렸다.

8. 물건, 특히 복잡한 물건을 더 좋게 만들기 위해서 그것을 고장 내야 한다는 관련 개념이 실패를 수용한다는 생각 속에 포함되어 있다. notion 개념

7-6. 분사구문의 의미상의 주어   (115page)

1. 겨울이 다가오면서 스키캠프가 2달 동안 열렸다.

2. 다른 모든 것들이 동일하다면, 기자들은 분쟁에 대해 이야기하는 것을 선호한다. 뉴스는 다른 무엇보다도 더 분쟁과 혼란에 대한 것이다. prefer to 선호하다 conflict 갈등 first and foremost 무엇보다도

3. 주요한 두 번의 휴가동안에 사람들은 주로 여가를 위해 캠핑을 하고, 여름 휴가 때 그 비율이 정점에 달한다. peak 정점에 달하다

4. 분량이 더 많아지고 좀 더 눈길을 끌도록 만들어진 교재들은 비용이 생산하는데 더 많이 들며, 그 결과 학생들에게 더 높은 판매가격을 초래한다.

5. 미래의 인구 증가의 90%는 개발도상국에서 이루어질 것인데, 그곳은 증가한 인구의 자원 수요에 대한 대처를 가장 잘하지 못할 지역이다. resource demand 자원수요

6. 자율주행 차량은 여러분이 차량을 소유하기 위해 지출할 것으로 예상되는 비용의 작은 비율로 어린이들을 학교에서 데려오고, 노인들을 상점에 데려다주고, 모든 평범한 일상 여정을 수행하는 것 모두에 이용될 수 있다.

7. "이봐요." 조나단이 소리치자 그 소리를 듣고 작은 새 2마리가 훌쩍 날았다. 그 여자는 그를 전혀 알아보지 못했고 스케치를 계속했다. 얼굴을 찌푸리며 그는 조금 더 크게 '이봐요, 아주머니' 라고 말했다. take flight 날다 Frown 인상쓰다

8. 'Homo' 의 몇몇 종은 원인(原人) 속(屬)에 속하는데, 그들 모두는 250만 년에서 180만 년 전 사이에 아프리카에서 살았다. hominid(原人)원인 - 인간과 비슷한 동물

9. 협상은 둘 이상의 사람이나 단체의 상호동의를 필요로 하는데, 보통 한쪽이 제안을 하고 다른 쪽이 수락을 하게 된다. negotiation 협상 mutual 상호적인

10. 그리고 만약 소설이 먼 역사적인 사건에 대해서 쓰여졌다면, 우리는 우리가 가진 그 시기에 대한 지식으로 그 내용을 보충하며, 그 지식의 대다수는 가상의 환경을 통한 우리의 이전의 상상의 여행으로부터 얻어진다. support 지지하다 obtain 얻다 fictional 가상의

7-7. 분사구문의 강조란 무엇일까?   (117page)

1. 그러나 음식이 질병 예방에 중요하기는 하지만 하나의 위험 요소일 뿐이다.

2. 사실, 그 빛은 전혀 움직이지 않았지만, '자동 운동 효과' 라고 일컬어지는 착시 때문에 비록 실험 대상자마다 정도의 차이는 있었지만 그것은 계속 이리저리 이동하는 것처럼 보였다. auto kinetic effect 자동 운동 효과 termed 일컬어지는

3. 의과 대학의 교육은, 비록 다양한 형태의 연방 장학 기관에 의해 많은 지원을 받고 있을지라도, 여전히 믿기 어려울 정도로 돈이 많이 든다. granting agencies 장학 기관

4. 모든 경우마다, 다양한 행동과 결정의 결과를 내다보면서 학생들이 접하는 수많은 상황에 적절하게 반응하기 위해 최소한으로 요구되는 것은 상상력의 유연성이다. flexibility 유연성 consequences 결과

5. 마찬가지로, 둥근 동전은 객관적으로 타원형으로 보여야 할 각도에서 보일 때조차 둥근 것으로 보인다. elliptical 타원형인

6. 물론 부정적인 면은 많은 인구와 그것의 집중화가 숙주에서 숙주로 병원균이 지속되고 이동하는 것에 필수적인 온상지를 제공하여 결국은 수백만 명은 아니더라도 수천 명의 많은 사람들을 감염시킨다는 것이다. breeding ground 온상지 maintenance 지속 infect 감염시킨다

7. 운전 중에 존다는 것은 반응시간을 늦추고, 인식을 감소시키고, 판단에 영향을 끼친다는 면에서 위험하다

8. 이런 종류의 단순한 인과 논리가 단 한 가지 결과를 단 한 가지 원인으로 거슬러 올라가 추적하기 어려운, 조직이라는 복잡한 세상에 적용되면, 그것은 오해를 일으킬 수 있다. trace 추적하다

9. 짠 것이든 인쇄된 것이든 정교한 넥타이는 처음부터 끝까지 하나의 예술 작품이다. 짠 실크넥타이가 모든 것 중에서 가장 화려하다. 오늘날에는 덜 흔하기는 하지만, 한 때 그것은 진짜 신사의 기본적인 악세서리였다. woven 짜여진

10. 뒷받침 연구가 부족하기는 하지만, 몇 분 동안이라도 정기적으로 모차르트의 음악을 듣는 것이 지능과 이후의 지능 검사에서의 수행(점수)을 높일 수 있다고 제안하는 주장들이 있다. subsequent 이후의

11. 우리는 흔히 구두로 지시와 과업을 부여받는다. 그것이 항상 가장 좋은 방식은 아니지만, 분명 가장 흔한 방식이다.

12. 이런 요인이 자본금에 대한 더 높은 수익을 요구하는 투자자로부터의 압력과 결합될 때, 생산성을 늘리고 비용을 줄이려는 압력을 초래했다.

13. 원한다면 마음대로 어느 누구에게나 무료이고 어느 누구나 이용할 수 있었으나, 이 두 가지 재료들 모두 다 아이들에게 위험하지 않지만 보통은 부적절한 것으로 간주되었고, 그래서 그들의 식단에서 일반적으로 제외되었던 것이다. inappropriate 부적절한 exclude 제외시키다

14. 다양한 (사고의) 틀을 이용하여 상황을 바라볼 수 있는 것은 모든 유형의 어려운 문제를 다룰 때 매우 중요하다. challenge 어려운 문제, 이의제기

15. 우리는 흔히 몇몇 동물들이 자기 자신과 자신의 종족 보존을 목표로 할 때 그들의 행동이 가지는 목적의식과 정확성에 놀란다. purposefulness 목적의식 precision 정확성 direct 방향으로 이끌다 preservation 보존

16. 이런 변화는 단 흡연에 대한 선호는 선천적이기라기 보다는 후천적이고 다른 사람들이 흡연하는 예가 없다면, 그것이 TV광고에서 있을지라도, 아이들은 폐암의 원인들을 피할 것이라는 것을 보여준다. preference 선호도

8-1. 동명사 주어와 분사구분의 구별 (122page)

1. 말로 하는 약속이 아무리 대담하고 고무적일지라도 목표에 도달하는 것을 보장해 주지는 못하지만 분명히 성공의 가능성을 높여 준다. commitment 약속 bold 대담한 likelihood 가능성

2. 조직의 역사에서 과거의 성과, 중요한 행사, 달성된 목표, 수상, 또는 다른 중요한 일을 인정하는 것은 직원들에게 중요하다. 그것은 그 성과에 이바지한 현재와 과거의 직원들 모두를 예우하는 방법이기도 하다. 그것은 직원들이 자신이 고용되어 있는 곳에 관하여 가지는 정체성을 증대한다. identity 성체성

3. 화난 사람에게 문제가 없다라고 말하거나, 심각한 문제처럼 보이는 것에 관해서 농담을 하는 것은 그 사람의 문제는 중요하지 않다라는 생각은 전달할 수 있다.

4. 주된 보호자를 알아보고 그의 마음을 끌 수 있으면, 젖먹이가 그 사람과 정서적으로 유대감이 형성되어 적절한 양육을 받을 가능성이 높아진다. bonded 유대감이 형성된

5. 자신들의 아이디어를 보호하는 데 도움을 필요로 하는 발명가들, 자본을 얻는 데 도움이 필요한 기업가들, 또는 가사(를 쓰는 것)에 도움이 필요한 작곡가들이 있다. 함께 일한다는 것은 다양한 관점을 허용하고 새로운 아이디어를 촉발한다. spark 촉발하다

6. 건강에서 차지하는 지방의 역할에 대해 조사한 연구가 많은데, 더 좋은 지방을 선택하는 것이 만성 질환에 대해 걱정해야 할 필요가 있는 어른들에게 더 중요하지만 가장 좋은 지방으로 건강에 이로운 시작을 하는 것은 어린이들에게도 중요하다 chronic 만성의

7. 아이들은 전에 방을 청소한 적이 없다. 그들은 그것을 하는 방법을 배워야 하며 그 배움의 과정의 부분은 그것을 형편없게 하면서 청소하는 것이 아니라 우리가 그것을 하는 방식과 다르게 하는 것이다. adolescence 청소년시기 tidy 깔끔한

8. 항공편 예약을 하기 위해 여행사 직원에게 전화를 하는 것은 명확히 전화를 정보 도구로 사용하는 사례이다. 하지만 몇 시간 동안 멀리 있는 친구와 전화 통화를 하는 것은 연락을 유지하고 일어나고 있는 일에 대한 정보를 교환하는 즐거운 방식이다.

9. 여러분의 글을 읽을 사람의 윤곽을 그려 보는 것의 이점은 이차적으로 글을 읽을 사람이 있을 가능성을 고려한다는 것이다. 과제를 분석하고 독자를 예상하는 것은 여러분이 효율적이고 효과적인 메시지를 작성할 수 있도록 여러분의 메시지를 조정하는 데 도움이 될 것이다. profile 윤곽을 그리다 anticipate 예상하다 adapt 조정하다

10. 어느 한 가지 일에 주의를 기울이면 반드시 다른 것의 희생이 뒤따른다. 여러분의 두 눈이 실험실에 있는 모든 과학 장비에 의해 너무 현혹되면 같은 방에 있는 사람에 관한 중요한 것을 알아차리지 못하게 된다. at the expense of ~을 희생하여 equipment 장비 laboratory 실험실 significance 중요함

8-2. 타동사와 전치사의 목적어인 동명사 (125page)

1. 지문 전문가들은 지문 비교 방법을 제공하고, 이것은 컴퓨터 프로그램이 지문들을 비교하는 데 사용된다. Fingerprint 지문 comparison 비교

2. 인간은 자신이 낙오자인 것에 만족할 때까지 낙오자가 되지 않는다. a loser 실패자

3. 받아들일 수 있는 것에 대한 개별적인 견해 가 다를 때, 개인들이 해롭다고 여기는 것으로부터 아이를 보호하는 것과 그 가정의 가치를 존중하는 것 사이에서 균형을 유지하는 것이 매우 어려울 수 있다. respect 존경하다

4. 당신의 물건이 망가질 가능성 또한 있는데 몇몇 물건들은 가치가 있다. (정답 : damaging 뒤에 목적어가 있기 때문에 명사가 아닌 동명사가 와야 한다.)

5. 치과 의사인 내 친구는 국내에서 통증을 느끼지 않게 해주는 몇 안 되는 치과 의사 중 한 명으로 유명하다. 사람들은 그를 보러 오기 위해 곳곳에서 모여 든다 flock 모이다

6. 진정한 고독에 들어갈 때, 우리는 그때 우리 존재 중심에 들어가서 다른 사람들과 의미 있는 방식으로 관계를 맺을 능력을 가진다. 침묵과 고독은 우리 자신을 더 잘 알게 되고, 집중하게 되고, 의미 있는 관계를 형성하기 위한 수단을 제공한다. genuine 진정한 solitude 고독

7. 관계의 어려움을 현명하게 처리하는 것에 관한 한, 시작점은 항상 자기 자신과의 관계이다.

8. 슈퍼맨 영화에서 관객들은 슈퍼맨이 건물에서 추락하는 등장인물을 향해 날아가서 그를 붙잡아서 구조하는 장면을 아무런 어려움 없이 받아들인다.

9. John은 시험은 반드시 긴장을 포함하는 것은 아니고, 사람이 편안함을 느끼게 만드는 것에 기여하는 많은 것들이 있다고 믿고 있다. contribute 기여하다

10. Albert Einstein은 심대하게 뛰어난 지력에도 불구하고 자기 의사를 제대로 전달하지 못하는 사람이라서 자신의 생각을 분명히 표현하는 데 어려움을 겪었다. articulate 분명히 말하다

11. 우리는 쓰다듬고, 만지고, 얘기하고, 속삭이고, 누가 누구와 무엇을 하고 있는지 모든 세세한 것에 신경을 쓰면서 말 그대로 몇 시간이고 서로 함께 보낸다. stroke 쓰다듬다 murmur 속삭이다

12. 교사들은 학생들의 창의력을 증진시키기 위한 확실한 기법을 찾아내는 데 시간을 쓰기보다는 자신들의 평상시의 수업 방침, 관행과 절차가 어떻게 창의적인 표현을 지원하는지 또는 방해하는지에 대해 관심을 집중하는 데 시간을 쓰는 것이 더 나을지도 모른다. procedures 절차 hinder 방해하다

13. 우리들 중 많은 사람들은 어떤 상황에서 의사소통 불안증을 경험하는데 그러한 증상으로는 성미가 까다로운 룸메이트에게 그가 부쳐달라고 부탁했던 편지를 깜빡 잊고 못 부쳤다고 인정하는 것, 쇼핑을 과도하게 하는 것에 대해 배우자에게 말하는 것, 상사에게 우리가 저지른 중대한 실수를 알리는 것 등과 같은 것이 있다. touchy 까칠한 shopping spree 과도한 쇼핑 alert 경보를 알리다

14. 비유는 그것(알려지지 않은 것)을 친숙한 물체들과 경험들에 비유함으로써 알려지지 않은 것을 이해하기 위한 하나의 관점을 우리에게 제공해 준다. 예를 들어, 인과 관계를 설명하기 위해 은유로서 도미노 효과를 사용할 때, 누구나 학생들이 도미노가 무엇인지 정말로 알고 있는지 확인해야 한다. metaphor 비유 perspective 관점 comprehend 이해 ascertain 확인하다

8-3. 동명사의 의미상의 주어, 수동태, 시제 (128page)

1. 그러므로 원작의 가치는 그것의 독특함에서 나올 뿐만 아니라 그것이 복제품들이 만들어지는 원천이 될 수 있다는 것에서 나오기도 한다. uniqueness 독특함

2. 기존의 자동차에 의해 사용되는 휘발유의 80~90퍼센트가 없어도 됨으로써, 이 자동차는 우리가 화석 연료에서 벗어나는 데 핵심적인 역할을 할 수도 있다. conventional 전통적인 unhooked 분리되는

3. 과학은 그 결론을 사실에 근거하고, 게다가 질문과 문제에 대한 답을 내놓을 수 있으므로 많은 사람들에 의해 결정적인 것으로 간주된다. 하지만 과학자들은 과학은 보편적 '진리'나 확정적인 답에 관한 것이라는 전제로부터 출발하지 않는다. definitive 결정적인 universal 보편적인

4. 아프리카 야생동물 보존지역에서 동물들은 잡히는 두려움 없이 자유롭게 이리저리 배회한다. wildlife preserves 야생동물 보호구역 wander 배회하다 capture 잡다

5. 여러 가지 영향 중 그 어느 하나에 의해, 평형 상태는 방해받을 수 있고, 이것은 한 부분이 과도하게 나타나는 결과를 초래한다. 이것이 일어날 때, 병이 생겨나는데, 그 특정 질병은 주로 어떤 물질이 우위를 점했느냐에 의해 좌우된다. equilibrium 평형상태 substance 물질 ascendancy 우세

6. 우리가 걷거나 이동하는 동안 일반적으로 우리가 접하는 일상 사물을 1초도 쳐다보지 않는다. 날들은(시간은) 우리가 진정으로 알아채지도 못한 채로 스쳐 지나가 버린다. aware 알아차리는

7. 다음날 아침, 나는 아빠에게 그 전날 밤 내가 부른 것을 기억하는지 물었다.

8. 일반적으로 학생들은 그들이 하고 있는 어려운 일에 대해 좋은 보상을 받고 있다. 너의 외모가 승리자로써의 대학으로의 티켓이 되던 시절은 분명히 끝났다. compensate 보상하다 demanding 힘든

9. 예를 들어 다른 사람들이 구세군 자선냄비에 돈을 넣는 것처럼 사회적으로 책임이 있는 방식으로 행동하는 것을 보는 것은 보는 사람으로 하여금 두 가지 방식으로 (남에게) 도움을 주도록 자극할 수 있다. Salvation Army bucket 구세군 냄비 spur 자극하다

10. 일반적으로, 천식 증상이 나타나 는 이십 대 후반이나 삼십 대 연령의 성인들은 어렸을 때 가벼운 천식을 겪었다는 사실을 떠올릴 것이며 어른이 되어서도 계속해서 천식을 갖게 되는 것에 혹은 그들이 묘사하는 것처럼 그것이 '그렇게도 오랜시간이 흐른 후에 다시 돌아오게 되는' 것에 놀란다. asthmatic 천식의 asthma 천식

11. 나는 이 신중한 결정을 했던 것 때문에 기뻐서, 자신있게 나의 계획을 선생님께 알렸다. 그의 즉각적인 반응은 "너는 결코 잠, 먹는 것, 게임하는 것 때문에 열심히 공부할 수 없다"고 말하는 것이었다. announce 알리다

12. 이러한 유형의 교육은 학생들이 학교를 중퇴하며 심리적 충격을 경험하는 원인이 된다. 사실, 많은 아이들이 영어문법이 그들의 능력 밖이라고 확신하면서 영원히 포기해 버린다. psychological trauma 심리적 충격 convince 확신시키다 beyond their grasp 이해할 수 없는

9-1. To부정사의 의미상의 주어 (134page)

1. 정부 정책이 젊은 여성들이 재정적 지원을 다른 이들에게 의존할 수 있다고 가정하는 것은 위험하다. assume 가정하다

2. 기자들이 완전히 편견이 없을 수는 없다. 하나의 이야기가 '기사거리'가 되기 위해서 그것은 중요하기도 해야 하고 재미도 있어야 한다. newsworthy 뉴스의 가치가 있는

3. 우리가 현재 가지고 있는 장비와 사회 구조는 우리가 기후를 관리하거나 또는 적합하지 않은 환경에서 번영해 나갈 수 있을 만큼 충분히 효과적이지는 않다. hostile 적대적인

4. 훌륭한 작가는 독자가 생각할 여지를 남겨 둔다! 만일 작가가 여러분에게 무조건 모든 것을 말한다면 독서는 조금 지루해질 수 있다. 작가가 독자에게 생각할 여지를 남겨 두면 독자는 더 몰두하게 되고 흥미를 느끼게 된다. room 여지 engage 몰입시키다

5. 그러므로 종족이 문화를 획득하기 위해서, 그 구성원들은 학습하고 암기할 수 있어야 할 뿐만 아니라 자신들 종족의 다른 구성원들을 충분히 자주 접할 수 있어야 한다. sufficiently 충분히

6. 실제로 창의력을 연구하는 사람들은 학생의 창의력을 증진시키는 가장 좋은 방법은 교사가 교실에서 창의적 사고와 행동을 조장하고 모범을 보이는 것이라고 주장해 왔다.

7. 여러분의 훌륭한 성과가 인정받기 위해서, 그것이 보일 수 있어야 한다. 그러나 보이는 것 이외에도, 단순 노출 연구는 우리에게 익숙함이 선호를 만들어 낸다는 것을 가르친다. 간단히 말해서, 여러 경우에, 기억되는 것은 선택되는 것과 같다. appreciate 인정하다

8. 우리가 지금 알고 있듯이, 물은 모든 복잡한 형태의 생명체가 존재하는 데 필수적이고, 바닷가에서 살고 있는 사람의 경우에 이것은 오늘날 우리가 생물학이라고 부르는 것을 향해 내딛은 꽤 지적인 첫걸음이다. biology 생물학

9. 그러므로 큰 회사가 만족스럽게 대중에게 서비스를 제공하기 위해서 그 회사는 직원들이 효율적이고 상냥하게 대중을 대하는 것이 옳다고 인정하고 그것을 보장할 사업 철학과 방법을 반드시 가지고 있어야 합니다. philosophy 철학 pleasing 기쁨을 주는 insure 보장하다

9-2. To 부정사의 시제와 수동태 (136page)

1. 만약 행해진 일이 많은 숙련되지 않는 가벼운 노동력을 요구한다면, 쓰레기를 줍는 것 같은, 그러면, 백지장도 맞드는 것이 낫다.

2. 광선이 관찰자의 눈에 들어올 때, 눈에 있는 신경이 관찰자의 뇌로 신호를 보낸다. 그러면 뇌는 광선이 나왔던 것으로 보이는 곳을 근거로 그림을 구성한다. signal 신호를 보내다 construct 구성하다

3. 2003~2004년 동안 Peace 장학금을 수상 했었던 것은 진정한 영광이다. 나는 이 장학금을 받도록 선택 받았다는 것이 자랑스럽다. flattered 기분이 좋은

4. 권위적인 부모님이나 선생님들은 질문없이 복종되어지기를 기대한다.

5. 강은 아주 편리하고 접근 가능한 공급원을 제공하며 과거에 도시들이 강 옆에 설립되었던 주된 이유들 가운데 하나는 그런 상황에서 충분한 물의 공급이 보장되는 시설이 있었던 것으로 여겨진다. facility 시설물 secure 확보하다 sufficient 충분한

9-3. Be to 부정사 용법 (138page)

1. 호주에서 쓰레기통 주변을 배회하고 있는 바둑이를 제외한 어떤 사람도 보여 질 수 없다.

2. 이 사람들과 관계를 맺을 수 있게 될 유일한 방법은 그들과 소통하는 것이다. 여러분이 효과적으로 그렇게 하고자 한다면 체계가 필요할 것이다.

3. 기업회생 지도자들은 사람들에게 그 조직이 정말로 무너지기 직전이라는 점, 다시 말하자면, 적어도, 그 조직이 생존하여 번영하고자 한다면 근본적인 변화가 필요하다는 점을 납득시켜야 합니다. thrive 번성하다 Turnaround leaders 기업회생지도자 convince 확신시키다 be on its deathbed 무너지기 직전이다 radical 근본적인

4. 그러나 만약 선거가 두 번째 연설 직후에 개최될 예정이고, 두 연설 사이에 긴 휴식 시간이 있을 예정이라면, 여러분이 나중에 연설하는 것이 좋을 것이다. prolong 연기시키다 may as well ~하는 편이 낫다

6. 대다수에게, 동기는 중요한 새 발견과 함께 오는 돈도, 명예도, 단명의 영예도 아니다. 그것은 인간의 지식에 변화를 가져오는 것, 즉 전에는 이해되지 않았던 것에 대해 새롭고 영속적인 통찰력을 제시하는 것이다. motivation 동기부여 insight 통찰력 lasting 지속되는 contribute 기여하다 make a difference 변화시키다

7. 하지만, 현대사회의 대단한 열망은 이런 방정식을 역전시켜 왔다. 즉 지위를 개인적인 서위에 달려있도록 하기 위해 물려받은 특권을 없애 버리는 것이었다. 오늘날의 사회에서 지위는 여러 세대를 통해 유산으로 전해온 변할 수 없는 신분에 거의 달려 있지 않다. aspiration 열망 reverse 역으로 하다 inherited privilege 물려받은 특권 eliminate 없애다 identity 신분

9-4. ask A to B 5형식 동사 (140page)

1. 디지털 사진 촬영은 분명히 더 많은 촬영을 할 수 있게 해 주지만, 그것은 또한 많은 정말로 형편없는 촬영을 하도록 내버려 두기 때문에 양날의 검이다. double-edged sword 양날의 검 shooting 촬영

2. 이 거래의 주요한 이점은 인터넷이 먼 곳에 위치 한 두 개인이 중개 웹 주소를 이용하여 사고팔기 위해 만나는 것을 가능하게 한다는 것이다. transaction 거래 intermediary 중개자

3. 정보 소비자는 시간 압박으로 인해 어쩔 수 없이 다수의 채널을 대충 훑어보고, 흥미롭거나 중요한 것을 찾아서 많은 양의 정보를 모아서 걸러 낸다. compel 강요하다 scoop 퍼올리다 filter 걸러내다 large amounts of 많은

4. 벌거벗은 임금님과 같은 동화들로 유명한 Hans 는 살아서 묻히는 것에 대한 공포가 있었다. 그 결과, 그는 그가 무의식 상태에 있는 것을 발견하게 될지도 모를 누군가에게 그가 죽었다는 것을 당연하게 생각하지 말라고 말해 주는 메모를 그의 주머니에 항상 휴대하려고 했다. Emperor 황제 phobia 공포 fairy tales 동화 unconscious 무의식인 assume 가정하다

5. 미래 세대가 자기 자신들의 필요를 충족시킬 수 있는 능력을 손상하지 않고 현재의 필요를 충족시키는 발전이라고 지속 가능성을 정의하면, 미래의 난제를 오늘 대면할 수밖에 없다. sustainability 지속가능성 meet 충족시키다 compromise 손상시키다 compel 강요하다

6. 결국, 그는 거울 속에서 반사 되었을 때 아름다운 모든 것이 비천하고 천박하게 보이도록 하는 힘을 가진 거울을 만들었다. reflect 반사하다 for 왜냐하면 mean 비천한

9-5. To부정사의 명사적 용법 (142page)

1. 인쇄술의 한 가지 놀라운 영향은 영어, 프랑스어, 그리고 독일어 같은 단일 국가 언어의 발달을 자극했다는 것이다. stimulate 자극하다

2. 그래서 여러분에게 구두로 주어지는 과업이면 무엇이든 즉시 적는 것이 항상 좋은 방침이다. 이렇게 해서 여러분은 과업이나 과제에 대한 작업 기록을 시작하게 되며, 그것을 상기시키는 문서를 가질 수 있게 된다. make a note 메모하다 verbally 말로 remind 상기시키다

3. 어느 누구도 친절이 훌륭한 미덕이라는 사실을 반박하지는 않을 것이다. 어떤 사람이 친절하다고 말하는 것은 그가 점찮고, 생각이 깊고, 인자하다고 말하는 것이다. dispute 반박하다 virtue 미덕 considerate 사려 깊은 charitable 자비로운

4. 최우선으로 중요한 것은 좋은 교사가 되고 여러분이 학생들에게 실제로 관심이 있어 마음을 쓰고 있다는 점을 그들이 알게 하는 것입니다. priority 우선순위

5. 독립적으로 사고한다는 것이 해결책을 스스로 생각해 내도록 요구하지는 않는다. 그냥 관습적 사고의 틀을 벗어나기만 하면 된다. 그것을 하는 한 가지 방법은 해결책을 고안하는 과정에 다른 사람들을 포함시키는 것이다. devise 고안하다

9-6. 형용사적 용법과 관용적 표현들 (144page)

1. 나는 그것을 믿을 정도로 바보는 아니다.

2. 이러한 새로운 조직 형태들은 지역의 경제 발전을 육성하고, 산물의 다양성과 품질을 유지하고, 지역의 정체성과 결속의 유대를 강화하기 위해 생산자들과 소비자들이 힘을 합칠 수 있는 장을 제공할 수 있는 잠재력을 갖고 있다. organizational 조직의 nurture 육성하다 diversity 다양성 strengthen 강화시키다 solidarity 결속

3. 하루에 한 시간을 더 추가한다는 것은, 특히 그 시간을 업무가 아닌 다른 일에 사용한다면, 긴장을 완화하고 하루 동안 내내 훨씬 더 많은 시간과 에너지를 갖고 있다는 느낌을 당신에게 주는 효과적인 방법이다. relieve (긴장을) 완화시키다 throughout 내내

4. 물통이나 모든 말을 편안하게 수용하기에는 너무 작을 수도 있다. accommodate 수용하다

5. 현대사를 통틀어서 영국은 독특한 이익을 누렸다. 영국은 많은 다른 민족을 포함하고 점차적으로 동화시킬 정도로 충분히 컸지만, 한 명의 통치자에게 효율적으로 지배될 정도로 충분히 작았다. gradually 점차적으로 assimilate 동화시키다 govern 지배하다

6. 만약 당신이 저를 잘 아신다면, 제가 모든 칭찬을 있는 그대로 받아드릴 정도로 뻔뻔하다는 것과 그리고 모든 칭찬이 단지 아첨일거라고 생각하지 않을 정도로 뻔뻔하다는 것을 아실 것입니다. shameless 뻔뻔한 compliment 칭찬 face value 액면가 flattery 아첨

9-7. 부사적 용법 (146page)

1. 그들이 구매 결정을 할 때마다 상품이나 서비스를 재평가하는 것은 불가능하다. 구매 과정을 단순화하기 위해 소비자들은 상품이나 서비스를 여러 범주들로 체계화한다. 즉 그들은 자신들의 마음속에 상품, 서비스, 그리고 체계화된 깃의 '위치를 전하는' 것이다. re-evaluate 재평가하다 simplify 단순화하다 organise 조직하다

2. 사무실에서 검사(그리고 확인)의 낭비를 줄이기 위해서, 모든 이는 새로운 일련의 규칙들, 본질적으로 새로운 패러다임을 따라야 한다. 이것은, 결함은 일이 행해지는 방식에 의해 야기된다는 것을 이해하는 것에서 시작된다. inspection 조사 defect 결함

3. 미지의 물질이 특정한 화학적 특성을 가지고 있는지 살펴보기 위해서는 그것에 대한 화학적 반응을 실행해 보는 것이 필수적이며, 당연히 그것은 새로운 물질을 생성해 내게 된다. property 특성 carry out 수행하다 substance 물질

4. 여러분은 라디오의 디제이가 되고자 하는 열망에 상점 주인이 아무런 도움이 안 될 거라고 단정할지도 모르지만, 그의 누이가 지역 방송국의 유명 진행자라는 것을 알게 될 수도 있다. determine 결정하다 aspiration 열망

5. 화학적 관점에서는 초기 우주는 매우 단순했는데, 너무도 단순하여 우리의 지구나 거기에 사는 생물체와 같이 복잡한 사물을 만들 수 없었다. organism 생물체

6. 대부분의 고급 훈련 프로그램은 다양한 훈련 기간 동안 서로 다른 스타일의 프로그램을 포함한 다. 그 근거는, 훈련 적응력을 계속해서 증진시키기 위해서는 끊임없이 시스템에 과부하를 걸어야 한다는 것이다. incorporate 통합시키다 rationale 근거 adaptation 적응력

7. Mother Teresa는 한때 말했다. "우리는 지구상에서 위대한 것들을 할 수가 없다. 우리는 단지 엄청난 애정으로 사소한 것들만을 할 수 있다." Mother Teresa가 옳았다. 우리는 세상을 바꿀 수는 없지만, 세상을 더 밝은 곳으로 만들기 위해서 우리는 변할 필요는 없다. 우리가 정말로 해야하는 것은 친절이라는 그런 사소한 행동 즉 우리가 바로 지금 할 수 있는 것들에 초점을 두는 것이다. little things 작은 사소한 것들

10-1. 동등비교의 원급비교 (150page)

1. 우리는 제대로 효과가 있는 실험에서 얻는 것만큼이나 그렇지 못한 실험으로부터도 거의 같은 양의 것을 배울 수 있다 experiment 실험 work 효과가 있다

2. 미국 폐 협회 연구에 따르면, 올 여름 발표된 우리 도시의 아이들은 다른 도시에 있는 아이들에 비해서 호흡과 관련된 질병에 두 배반쯤 걸리기 쉽다. release 출시하다 breathing – related diseases 호흡과 관련된 질병

3. 심고 잡초를 뽑아 재배되는 농작물로 이루어진 농경지는 자연적으로 존재하는 식물로 이루어진 같은 크기의 면적보다, 열량으로 측정했을 때, 열 배에서 백배가 많은 식량을 산출하는데, 이는 초기 농작 물 재배자에게 명백했던 이점이다.

4. 나의 인생에서 처음으로 다른 세계에 빠져들었다. 어느 TV 프로그램 이렇듯 언어로 숲과 동물들을 찾아가는 것처럼 나를 내 주위들로부터 그렇게 멀리 데리고 간 적이 없었다. 그리고 나는 페이지를 넘기면서 다시 나의 환경으로 돌아올 수 있었다.(현실로 돌아올 수 있었다.) surrounding 주위환경 flip 뒤집음

5. 재활용이 환경에 도움이 되기 위해 사람들이 취할 수 있는 단연코 가장 흔한 실용적인 조치이기는 하지만, 환경론자들의 희망과 두려움은 다른 곳에 초점이 맞춰져 있다. recycling 재활용 practical 실용적인 by far 가장(최상급 강조)

6. 서부 브라질 에서 2004년 9월보다 2005년 9월에 세 배 많은 화재가 있었다.

7. 몇몇 pit bull애호가들은 비록 다른 개 품종들이 불독보다 더 위험하지는 아닐지라도 pit bull만큼은 위험하다고 주장한다. breeds 품종

10-2. 상대비교의 비교급 (152page)

1. 만약 우리가 공부를 낮 다음에 오늘 밤 만큼 자연스런 경험으로 볼 수 있다면, 우리는 만약 우리가 그 밤이 결코 오지 않는 척하려 할 때 보다 더 많은 만족감을 발견할 것이다. contentment 만족 pretend ~인체하다

2. 숭배자들과 이야기를 나누되, 진정한 전문가의 말을 듣고, 이해하며 좋아 하기까지 하라. (전문적으로) 아는 사람의 가차 없이 정직한 말보다 여러분의 성장에 더 유익한 것은 없다.

3. 아마도 문헌상에 기술된 놀이의 주요한 치료의 힘[치유력]은 그것의 의사소통 능력일 것이다. 놀이를 할 때, 아이들은 자신들의 의식적 생각과 느낌을 말로만 표현할 때보다 놀이 활동을 통해서 더 잘 표현할 수 있다. literature 문학 conscious 의식적인 therapeutic 치유의

4. 인과 관계가 즉각적으로 보이는 표면 밑에 숨어 있고 탁 트인 초원에서 생존하는 간단한 생활을 지배하는 인과 관계에 비해 훨씬 더 모호한 세계에서는, 이 동일한 심성 모형에 대한 신뢰도가 훨씬 더 낮다. mental model 심성 모델 ambiguous 모호한 dominate 지배적인 straightforward 간단한

5. 지구 온난화는 20년 후면 지금보다 훨씬 더 큰 위협이 될 것이다. 대기 변화가 지금처럼 빠르게 일어난 적은 한 번도 없었다. atmosphere 대기

6. 오늘날 미국에서 태어나는 각각의 아기는 오늘날 인도에서 태어나는 아기보다 일생 동안 80배나 더 많은 자원을 소비할 것이라는 사실은 기억할 만한 가치가 있다.

7. 따라서 어린이들은 그 점 때문에 그들의 형제자매와 부모와의 관계보다, 혹은 다른 어떤 어른들과의 관계보다도, 또래와의 관계를 강화하고 유지하기 위해 훨씬 더 많은 노력을 기울일 필요가 있다. sibling 형제 자매 strengthen 강화시키다 peer 동료

8. 그러나 다른 연구는 엘리베이터 대신 계단을 선택하는 것처럼 규칙적인 일상의 활동을 증가시키거나 변화시키면서 저지방 다이어트를 한 과체중의 사람들이, 힘든 신체적 프로그램에 참여한 사람보다 감량된 체중을 더 잘 유지할 수 있었다는 것을 알아냈다. 이것은 아마도 시간을 따로 할당해야 하는 운동 프로그램보다 생활 방식의 변화가 더 지속하기 쉽기 때문인 것으로 보인다. overweight 과체중의 stick with 고수하다 set aside 할당하다 tough 힘든

10-3. 다함께 더비더비 (154page)

1. 그러나 놀랍게도, 길을 넓히면 넓힐수록 도로는 더욱더 혼잡해진다. congested 혼잡한 widen 넓히다

2. 물어뜯는 사람이 손톱을 물어뜯는 행위를 그것이 주는 일시적인 안도감과 더 많이 결부시킬수록, 그 조건화된 반응을 바꾸는 것은 그만큼 더 어려워진다. associate 연관시키다 temporary relief 일시적인 안도감

3. 그가 여러분에게 더 진실해질 수 있다고 느낄수록, 그는 그만큼 더 많이 자기의 취약점을 자유롭게 표현할 것이고 그는 더욱 강인해질 것이다. genuine 진실한 vulnerability 취약점

4. 여러분이 과업과 관련된 정보에 집중하고 집중을 방해하는 요인을 무시할 수 있으면 있을수록 여러분의 기억 수행은 더 좋아질 것이다. task–relevant 일과 관련된 distractions. 방해

5. 영화에서 이 세부 사항들이 어떤 특정한 방식으로 굳어질수록, 그 영화감독은 관객의 영역을 더 많이 침범하게 되고, 글로 읽는 사람의 상상력을 다른 사람들이 그들에게 제시한 것에 더 한정시키게 된다. solidified 고착된 invade 침범하다 domain 영역 confine 제한하다

6. 특정한 본보기가 광고, 텔레비전 프로그램, 영화, 잡지 기사, 교육 자료에 더 널리 퍼져 있으면 있을수록 그것은 더 큰 영향력을 갖는다. 사람들은 자신들이 택하는 본보기를 자유롭게 선택하는 것이 아니다. pervasive 퍼져 있는 adopt 채택하다

7. 다른 사람들이 주위에 있을 대 사람들은 다른 어떤 사람이 피해자를 돕기 위해 어떤 일을 할 것이라고 생각하는 경향이 있다. 논리적으로 보이는 것과는 반대로 방관자의 수가 많을 수록 사람들이 도와줄 가능성은 더 적다. assume 가정하다 logical 논리적인 bystanders 구경꾼

8. 당신이 어떤 결과를 만들어 내는데 전적으로 집중하는 한, 그 결과가 더욱더 빨리 그리고 더욱더 쉽게 만들어진다는 것이 더 좋다는 것은 분명하다. so far as ~하는 한 bring about 야기하다

11-1. Only, 장소에 의한 도치 해석법 (158page)

1. 절벽 끝에는 서로를 껴안고 있는 두 사람을 묘사하는 사랑의 절벽이라고 이름 지어진 하나의 큰 조각상이 놓여 있었다. edge of the cliff 절벽 끝 statue 조각상

2. 그래서 모든 인간은 지력이 똑같지 않을 뿐만 아니라, 정말로 지력이 뛰어난 사람들도 모든 분야에서 똑같이 그만큼 지적이지는 않다. intelligent 지적인 field 분야

3. 항생제는 바이러스성 감염병을 극복하도록 도움을 주는 데 효과가 없을 뿐만 아니라, 한때는 효과적인 약물이었던 것에 대해 내성이 생긴 박테리아 종류의 수가 증가하게 되는 의도치 않은 결과를 가져온다. antibiotics 항생제 bacteria strain 박테리아 (변형)종

4. 오늘 일어나고 있는 일 주위로 지난날에 겪은 비슷한 일에 관한 많은 생각이 떠돈다. undergo 경험하다 concerning ∼에 관해서 around ∼주위에 (=about)

5. 큰 오크 나무는 증발을 통해 연간 4만 갤런의 물을 방출할 수 있다. 이것은 지구의 물 순환에 극히 중요할 뿐만 아니라, 주위의 공기를 식히고 강우를 돕기도 한다. release 방출하다 evaporation 증발

6. 그는 정신이 편안한 상태에 있을 때만이 가장 창의적으로 된다는 것을 알고 있었기 때문에 수시로 그 위에서 휴식을 취했다 frequent 빈번한

7. 선생님들의 전문적 지식이 좁게 한정되어 있을 뿐 아니라, 그들은 흔히 어린 연주자들과 상호작용을 하거나 그들을 고무하는 방법에 대한 어떤 개념도 없다. expertise 전문지식 define 제한하다 interact 상호작용하다 inspire 영감을 주다

8. 정신이 만족스러운 평가와 통합을 성취하고 나서야 비로소 의미를 부여하기 위한 노력을 그만둘 것이다. integration 통합 cease 멈추다 struggle 노력하다, 애쓰다

9. 이 새로운 데이터는 전자적으로 저장될 뿐 아니라 또한 정보를 수집하는 사람들이 그들의 흥미를 끄는 유형의 데이터의 유용한 목록을 만드는 것을 가능하게 해 주는 검색이 가능한 데이터베이스 안에 있기도 하다. reside 거주하다

10. 성을 구분하는 것으로 주장되는 특징들이 문화마다 똑같지는 않다. 또한 그러한 차이는 한 사회 안에서도 역사의 여러 시대에 걸쳐 반드시 확고한 것도 아니다. distinguish 구별하다 epoch 시대 stable 확고한

11. 반면에 만약에 당신이 섭취하는 것 보다 더 많은 칼로리를 사용한다면 지방세포는 줄어든다. 그러나 어떤 경우에도 여러분의 길고 가느다란 근육 섬유가 둥근 지방 덩어리로 바뀌지 않으며, 그 반대의 경우도 마찬가지이다. vice versa 그 반대도 그러하다 muscle fibers 근섬유 take in 섭취하다

12. 장미 싹앗이 처음 땅에서 자라서 나올 때, 우리는 그것을 미숙하고 발달이 충분치 않다고 비난하지 않으며, 또한 꽃봉오리가 나올 때, 피지 않았다고 그 꽃봉오리를 비난하지도 않는다. condemn 비난하다 immature 미숙한 criticize 비난하다

13. 이제 어떤 음성도 돌, 식물, 동물에서 나와 인간에게 말을 걸지 않으며, 인간 역시 그들이 들을 수 있을 것이라고 믿으며 그들에게 말을 걸지 않는다. 인간의 자연과의 접촉은 사라졌으며, 그와 함께 이러한 상징적 연결이 제공했던 막대한 정서적 에너지가 사라져 버렸다.

11-2. 보어, 부정에 의한 도치와 목적어 이동 (160page)

1. 물건, 특히 복잡한 물건을 더 좋게 만들기 위해서 그것을 고장 내야 한다는 관련 개념이 실패를 수용한다는 생각 속에 포함되어 있다. embrace 수용하다 related 관련된

2. 의료, 질좋은 주거, 교육, 그리고 노동에 대한 권리는 더 논란이 있기는 하지만 도덕적 권리로서 흔히 옹호된다. champion 옹호하다 decent 양질의

3. 그것의 결과로서 지문들이 (서로)어떻게 연관되는지가 현저하게 중요해졌고, 이는 지금까지 주로 시야로부터 숨겨졌던 것들을 가시화시킨다. magnify 확대하다 hitherto 지금까지

4. 이야기는 역사상 모든 사회에서 너무나 중요한 역할을 해와서 우리는 호머, 세익스피어, 디킨스와 같은 위대한 이야기꾼들이 지금까지 살았던 가장 유명한 사람들에 속해야 한다는 것을 당연하게 여긴다. (=Stories have played so central a part)

5. Turner는 너 나아가 개척자의 단호한 개입주의를 민주주의에 대한 이상과 연결지었다. "민주주의에 대한 이상은 개인에 대한 이상만큼이나 개척자의 마음속에 상당히 깊이 박혀 있었다. rugged individualism 단호한 개인주의 pioneer 개척자 democracy 민주주의

6. 농부들은 그들의 소, 양, 그리고 돼지를 가지고 똑같은 것을 해 왔었다. 식물 육종가들도 농작물을 개량하거나 더 아름다운 꽃을 생산하려고 시도했을 때 그렇게 해 왔었다. plant breeder 식물 육종가

7. 읽기에 대한 학습자의 태도가 그러하듯이 학습자의 축적된 지식과 경험도 분명히 기여한다. contribute 기여하다

8. 나는 나의 기숙학원인 종로와 247의 하늘만큼 파란 하늘을 그 어디서도 본적이 없다고 생각한다.

9. 솔직히 말해서, 교사들은 누가 끊임없이 그들의 어깨너머로 살펴보는 상황에서는 자신의 근무 환경을 (그렇지 않은 상황만큼) 그다지 많이 즐기지는 못할 것이고, 학생도 그렇게 하지 못한다. constantly 끊임없이

MEMO

MEMO

MEMO

수능영어 절대평가 1등급을 위한 꿀갓커리가 있는 곳

수능영어북스.com

수능영어의 영원한 절대적 선구자 핵이득 신택스
교재도 좋아서, 동영상을 신청했는데, 수업을 듣게 되게 이번해에 가장 잘한 선택 중 하나였던 것 같아요. 박지원 제자

대학 때 너무 놀기만 했는데, 꿀커리 핵이득 신택스 덕분에 영어성적 급상승했어요. 진짜 감사드립니다. 반년간 열정적으로 가르쳐 주셔서 너무
감사해요. 지금은 고정적으로 90점 이상 나오는 것 같아요. ㅎ 김태현 제자

영어가 진짜 정말 힘들어지고, 있었거든요. 원래 해석 정확히 안하고 그냥 대충 넘기면서 눈으로만 읽어서 정답에 확신이 안서고, 답 고르면서
되게 찝찝했어요. 그리고 직독직해로 해석한면도 없지 않아 있었는데 정말 선생님 아니었으면 아무 EBS 구문 하나도 못했을 지도 몰라요.
구문독해 열심히 하고 , EBS VOCA조지기 단어장 끊임없이 외워서 긍적적 mind 로 꾸준히 할께요. 김민정 제자

처음 기숙에 입소할 때 맨 뒤반에서 5번째 였던 제가 정규반 시험을 보고 2등이 된데에는 선생님의 도움이 크다고 생각합니다. 물론
수능에서 6등급을 받았던 제가 4월에 바로 2등급이 받은 데에 가장 큰 도움을 주신 분도 선생님이십니다. 정말 감사합니다. 영어 100점 맞고
돌아오겠습니다. 박세준 제자

작년에 맞았던 수능4등급의 치욕을 극복하고 교재와 선생님 수업의 위력을 보여드리도록 할께요. ㅎㅎ 내년에 대학들어가면, 이 교재로
영어과외할 생각이에요. 김지원 제자

핵이득 신택스와 선생님 덕분에 작년에 비해 영어도 많이 정리가 되고, 실력 또한 많이 좋아졌어요. 앞으로도 잘 부탁드립니다. 황보현 제자

선생님의 꿀커리 그냥 갓커리로 하면 안되나요? 디테일함은 우리학원에서 넘버.1 입니다. 이지성 제자

지난번에 말씀드린 것 같은데 선생님 동영상을 선택할 때 처음부터 "들어볼까?" 라는 고민은 요~만큼도 안했어요. 그리고 지금은 엄청
만족하고 있고, 아직 턱없이 부족하고 부끄러운 실력이지만, 많이 성장하고 있는 것 같아요!! 비록 요즘 가끔 졸지만...ㅠㅠ 깨려고 애쓰는 거
보이시죠? 항상 선생님 수업은 기쁜 마음으로 신나게 듣게 되는 것 같아요. 나중에 안정적인 1등급 찍고 대학가면, 4등급을 1등급으로 올려주는
선생님 수업 자진 홍보할께요. 항상 열정적으로 지도해주셔서 감사합니다. 박민주 제자

안녕하세요. 선생님. 처음에 아무것도 모르는 채로 와서 영어를 어떻게 할지 몰라서 고생했었는데, 선생님의 핵이득신택스를 공부하면서 실력이
올랐던 것 같아요. 동영상을 미리 들었으면 더 좋았을 것이라는 아쉬움은 있지만, 그래도 열심히 공부할 수 있어서 행복했습니다. 송상훈 제자

작년부터 선생님의 교재 도움으로 영어실력이 많이 늘었던 것 같아요. 고3 9평에 4등급 맞고, 급하게 정신차리고, 선생님 수업을 들었는데, 진짜
선생님 덕분에 작년수능 잘 볼 수 있었던 것 같아요. 이번에 반수반으로 늦게 들어와서 4등급 맞았지만, 샘이 챙겨주셔서 점수 다시 오른거 알고
계시죠?!! 남은 5일동안 빡시게 공부해서 영어만점받고 오도록 하겠습니다. 그 동안 정말 감사했어요. 강소현 제자

항상 감으로 했던 저를 바로 잡아 주셔서 단계별로 알려주셔서 좋았어요. 이수하 제자

요새 공부 하면서 작년과는 정말 다르게 글이 많이 읽히는게 느껴져요! 영어에 자신감이 생겨서 스스로도 좀 뿌듯해요. 강병우 제자

신의 한수입니다. 핵이득 신택스!! 송려원 제자

http://www.수능영어북스.com
수강 후기 직접 보러 가기